JACQUES DAVIEL
A REIMS

PAR LE

DOCTEUR H. DELACROIX

Jacques Daviel, oculiste du Roi.
Son séjour à Reims. — Statistique de ses opérations de cataracte.
Ses rapports avec les Médecins et les Chirurgiens rémois.
Dossier Daviel-Caqué. — Lettres inédites.
Monument à la mémoire de Daviel

Avec 1 portrait et 4 planches

REIMS
—
F. MICHAUD
Libraire-Éditeur
19, Rue du Cadran-St-Pierre

PARIS
—
G. MASSON, ÉDITEUR
Libraire de l'Académie de Médecine
120, Boulevard St-Germain

1890

Jacques DAVIEL

A REIMS

J. DAVIEL VERS 1760

Phototypie J. Royer, Nancy.

FAC-SIMILE RÉDUIT d'un Dessin de M. E. AUGER, de Reims

conforme au petit portrait-médaillon de DAVIEL gravé par LEMIRE

(d'après DE VOSGE).

Jacques DAVIEL

A REIMS

PAR LE

DOCTEUR H. DELACROIX

REIMS	PARIS
—	—
F. MICHAUD	G. MASSON, ÉDITEUR
Libraire	*Libraire de l'Académie de Médecine*
19, Rue du Cadran-St-Pierre	120, Boulevard St-Germain

1890

AVANT-PROPOS

Le Dr H. Delacroix est mort avant d'avoir pu mettre la dernière main à ce travail : il nous a laissé le soin de le publier. Nous nous empressons de rendre ce dernier et pieux hommage à la mémoire de notre excellent Confrère. Ceux qui liront cette brochure pourront revivre quelques instants encore avec cette intelligence d'élite que la mort vient d'anéantir.

Reims, 15 Novembre 1890.

O. G.

JACQUES DAVIEL

A

REIMS

Les perfectionnements techniques introduits, depuis une quinzaine d'années, dans l'extraction du cristallin opaque ont eu ce résultat, qu'une des opérations les plus dangereuses et les plus difficiles de la chirurgie oculaire, l'opération de la cataracte, a enfin perdu, chez les médecins et chez les malades, la mauvaise renommée qu'elle avait encore çà et là. Nous avons tous connu des aveugles volontaires, et le temps n'est pas loin où l'opération offerte était quelquefois refusée, à cause des dix à quinze pour cent d'insuccès éventuels auxquels nous étions d'avance condamnés.

Les plus habiles oculistes ne pouvaient se défendre alors, en mettant à cette loterie, du vague malaise des joueurs qui se savent de mauvaises cartes et qui ont conscience de trop livrer au hasard. Heureusement, il n'en va plus être de même. La doctrine de Pasteur s'est traduite, pour les chirurgiens, en pratiques d'asepsie et d'antisepsie qui assurent les bonnes cicatrisations. Plus récemment encore (1), l'anesthésie par la cocaïne, cette précieuse découverte de Koller, a réduit au minimum les difficultés opératoires et l'indocilité des opérés. Enfin, la

(1) 1884.

méthode d'extraction elle-même reçoit, de jour en jour, ses dernières améliorations et touche, — les statistiques le démontrent — à ce degré de perfection que ne dépassent pas les œuvres humaines (1).

Les premières conséquences de cette situation ont été l'abandon presque général des ouvertures timides de l'œil, des sections dites *linéaires* auxquelles s'étaient justement ralliés, pendant vingt ans, la plupart des opérateurs, et le retour rapide aux *grandes sections à lambeau courbe*, dont un français, Jacques Daviel, avait eu, vers le milieu du siècle dernier, la courageuse initiative. L'attention des médecins fut ainsi ramenée sur les origines de l'extraction de la cataracte. Un peu obscurcie par le temps, un peu éclipsée par les beaux et savants travaux de l'Ecole allemande et le génie des F. Jæger et des Alb. de Graef, la gloire de Daviel brilla subitement d'un nouvel éclat. On rendit enfin à ce maître la pleine justice que ses contemporains lui avaient parfois marchandée. Ce mouvement réparateur né, il faut le dire, au delà de nos frontières, à Genève (2), où Daviel était allé mourir, s'étendit rapidement en France d'abord (3), puis en Allemagne, où Daviel s'était fait connaître, laissant là des souvenirs que certains maîtres, MM. Von Hasner, de Prague (Autriche), et Zehender (de Rostock), évoquèrent souvent avec une louable impartialité, et que le dernier Congrès ophtalmologique, siégeant à Heidelberg, s'est honoré de remettre en lumière (4).

(1) La moyenne générale des succès indiqués dans les plus récentes statistiques, publiées surtout dans les grands centres, n'est plus inférieure à 97 0/0, et cette excellente proportion est très souvent dépassée.

(2) Le 8 octobre 1885, fut inauguré au cimetière du Grand Sacconex, où Daviel avait été inhumé le 30 septembre 1762, un monument commémoratif érigé *à l'instigation du Dr Haltenhoff*, de Genève, et avec le concours de nombreux confrères Suisses. (Commission composée des Drs Horner (de Zurich), Dufour de Lausanne) et Haltenhoff (de Genève). *Revue médicale de la Suisse Romande*, 15 octobre 1885.

(3) Motions des Drs Gauran (de Rouen), Panas, Galezowski (de Paris), etc., etc. (Appendice, XIV).

(4) Motion du regretté professeur Otto Becker. (Appendice, XV).

En attendant qu'on donne, chez nous, à la mémoire de Daviel les monuments qui lui sont dûs (1), ses écrits, sa correspondance et sa vie sont l'objet d'une enquête active et déjà fructueuse. Tout ce qui touche à sa personne et à son œuvre est ardemment recherché. Jusqu'à présent, il faut bien le dire, la part d'inédit n'est pas très grande. Les manuscrits de Daviel sont rares, et si l'on a des motifs de penser que sa plume ne chômait pas, on doit admettre aussi que nombre de ses écrits professionnels et privés ont disparu, avec tant d'autres documents de la même époque.

Nous signalerons, en leur lieu et place, les principales pièces biographiques et bibliographiques publiées jusqu'à ce jour.

On nous en promet d'autres, à brève échéance. La *source provençale* n'est pas épuisée. En tête des précurseurs et des prophètes français de la résurrection Daviélique, il faut nommer avec toute la reconnaissance qui lui est due, le Dr Chavernac, d'Aix. Sa remarquable brochure de 1883, qui porte en sous-titre : *Retour à la méthode de Daviel*, est certes, à l'appui de notre dire, absolument décisive. Cette courte étude, substantielle autant qu'originale, n'a rien perdu de son actualité. Mais revenons à nos moutons !

On savait que Jacques Daviel était venu à Reims (1751) et que l'Académie de chirurgie avait prescrit une enquête sur un nombre assez élevé d'opérations de cataracte exécutées dans notre ville par l'auteur de la première méthode d'extraction. Il y a quelque 15 ans, de Wecker, qui recherchait alors un portrait authentique du vieux maître, nous pria de l'y aider ici ; mais toutes nos visites à la Bibliothèque, au Musée et chez nos principaux collectionneurs furent en pure perte ; Daviel était oublié. Nous

(1) Procès-verbal de la séance du 22 novembre 1885, de la Société libre de l'Eure (section de Bernay). (Appendice, XIV).

restâmes étranger à l'heureuse trouvaille du beau portrait gravé par Lemire, d'après Devoge (1), dont il existait pourtant un exemplaire à Morges (Suisse), chez notre ami le Dr Morax.

C'est en somme à un autre ami, à notre compatriote le Dr O. Guelliot, que nous dûmes la bonne nouvelle d'un petit dossier concernant Daviel, retrouvé parmi les manuscrits de son contemporain J.-B. Caqué, et devenu depuis peu, après la mort du regretté professeur Maldan, la propriété de notre Bibliothèque municipale (2).

Le dossier Daviel-Caqué comprend, entre autres pièces intéressantes (3), sept lettres originales de Daviel, une consultation dictée par lui et signée de sa main, les copies des réponses de Caqué et quelques mémoires du chirurgien Rémois, tant sur les opérations de Daviel que sur les siennes et sur celles qu'il vit faire autour de lui.

La correspondance proprement dite va du 15 octobre 1751 au 2 juin 1752. Nous la publions *in extenso*, sans y changer un mot.

C'est en septembre 1751 que l'oculiste de Louis XV vint à Reims. Sa visite y était certainement attendue ; car, en moins de trois semaines, du 15 septembre au 5 octobre 1751, il y exécuta 43 fois l'extraction de la cataracte sur 24 personnes présentées par divers médecins de la ville auxquels il confia, le jour de son départ, l'honorable mais périlleuse responsabilité des soins consécutifs.

La statistique (succès et insuccès) des opérations rémoi-

(1) *Noël Lemire et son œuvre*, par Jules Hédou. Paris, Baur, 1875, n° 25 p. 59. — François Devosge (de Voge ou Devoge), né à Gray (Haute-Saône) en 1732, mort à Dijon en 1811. Famille d'artistes et de professeurs de dessin. — Consulter dans l'original la notice d'Otto Becker, analysée. (Appendice, XV)

(2) Le professeur Maldan, qui fut directeur de notre École de Médecine en 1865, mort en 1881, à 74 ans, avait une érudition étendue. Il publia, parmi d'autres opuscules d'histoire médicale, un mémoire sur l'ancienne Faculté de médecine de Reims. La collection qui porte son nom, et à laquelle appartiennent les intéressants manuscrits ophtalmologiques de J.-B. Caqué, a été libéralement offerte à la ville par les héritiers du Dr Maldan, MM. Maldan fils et le Dr Lemoine.

(3) Appendice, XII.

ses de 1751 est l'objet principal des lettres. Daviel attend avec impatience les nouvelles qu'on lui a promises. Les courriers sont trop lents à son gré ; il les réclame en termes pressants. Il veut savoir comment vont M. le chanoine Grandvallet, de Reims, et M. le Président, de Sedan, la maréchale et la menuisière, la femme de Rilly et les autres. Et comme, à son estime, la réponse de M. Caqué à tant de questions n'arrive pas assez vite, Daviel se fâche tout de bon(1). M. Caqué est sur les dents ; mais son correspondant est sur les épines. Daviel n'avait probablement pas extrait beaucoup plus d'une centaine de cataractes avant le voyage de Reims (2), la *méthode* n'était pas *lancée* ; le mémoire à l'Académie était en préparation : voilà de quoi légitimer quelques vivacités de plume.

Mes confrères seraient déçus s'ils pensaient trouver dans nos lettres beaucoup d'ophtalmologie inédite ; mais ils savent trop bien la distance qù'il y a entre des *observations* vieilles d'un siècle et demi et l'exposé, précis et scientifique, au sens moderne, du même fait ou du même groupe de faits, du même symptôme ou du même ensemble de symptômes. Daviel n'était pas, à proprement parler, un homme de cabinet. Sa prédilection allait aux connaissances positives, prochainement utilisables, à l'anatomie, à la physiologie et à la clinique chirurgicales. Et pourtant, les moindres phases de cette genèse de l'extraction ont tant d'intérêt pour l'histoire de notre art, que non seulement nous avons cru devoir reproduire intégralement ici les lettres de l'ancêtre (3), mais que nous donnerons encore

(1) Appendice III.

(2) Ce chiffre approximatif est déduit des chiffres totaux indiqués dans les Mémoires lus par Daviel à l'Académie de chirurgie, et dans l'Eloge de Daviel, par Morand.

(3) La reproduction des lettres originales de Daviel est textuelle, c'est-à-dire avec les négligences d'orthographe, les répétitions, même les lapsus de plume auxquels est sujet un homme pressé par le temps, surmené de travail et qui n'a pas le loisir de se relire et de corriger son texte. D'après des avis compétents, nous n'avons ajouté ici qu'un peu de ponctuation, de peur d'obscurité dans plus d'un passage.

en appendice, à la fin de cette plaquette, quelques documents qui ne se rattachent à la correspondance rémoise que d'une manière indirecte.

Grâce à une expérience personnelle que la suite des temps a vulgarisée et confirmée, Daviel attachait peu d'importance à ce qu'on appelait alors la préparation des opérés. Il le dit positivement et son avis sur ce point est contraire aux opinions de son siècle. Ces saignées préventives, ces purgations préalables, dont nos pères ont tant abusé, ne lui inspiraient pas grande confiance. S'il en usa, ce fut d'un air détaché, uniquement pour l'effet moral. Nous estimons aussi qu'il ne sacrifia que dans un esprit de concession aux habitudes thérapeutiques alors en cours, lorsqu'il s'agissait, après une extraction de cataracte, de combattre les accidents consécutifs d'inflammation, de suppuration et de cicatrisation vicieuse. Mais, faute de mieux, il eut recours, comme les autres, aux émissions sanguines, aux fomentations tièdes, aux pansements alcooliques et aromatisés (1).

La méthode de Daviel, bien connue dans tous ses détails depuis les communications à l'Académie de chirurgie, a été décrite par Caqué en un mémoire un peu diffus, mais pris sur le vif. Récit complet, sincère, et çà et là pittoresque des opérations exécutées sous ses yeux (2). Il note avec une bonhomie méticuleuse les moindres particularités dont il est le témoin, et cela même, en un tel sujet, est pour le lecteur un attrait de plus.

« Cet opérateur, dit Caqué, ne prépare nullement les malades, à moins qu'ils ne soient attaqués de quelque maladie actuelle : il extrait les cataractes molles, comme les solides. Il y en a cependant certaines qu'il refuse d'extraire, ce sont celles qui présentent différentes nuances, comme un bleu céleste avec un peu de vert, de jaune, etc., et celles qui sont

(1) Appendice, XIII.
(2) Appendice, XII, 18.

accompagnées de gouttes sereines (*sic*)... Il fait asseoir le malade sur un tabouret bas, vis-à-vis du grand jour ; il fait mettre un bandeau sur l'œil qu'il ne veut pas opérer... S'il y a deux cataractes à opérer, il commence toujours par celle de l'œil gauche. L'opérateur se pose sur un siège fort haut (il se mettait ici sur le bras d'un fauteuil, apparemment parce qu'il n'avait pas de siège commode). Il est situé au côté droit du malade. Il fait mettre ensuite devant le malade une chaise simple, dont le dossier soit à peu près à la hauteur du visage, et cela pour appuyer son bras, dans le temps de l'opération, en cas de besoin, etc... »

Rien ne manque à la narration de Caqué, pas même le *serviteur entendu* qui tient la tête du malade appuyée contre sa poitrine. Tous les temps de l'opération assez compliquée de Daviel, ses instruments, le jeu simultané des mains de l'opérateur et des mains de l'aide, les pièces de pansement et la manière de les mettre en place, tout cela est indiqué ici, précieusement et point à point. Nous savons que « *le sujet restait, huit jours pleins, couché sur le dos, qu'il buvait un bouillon une heure après qu'on l'eut remis dans son lit, qu'on le saignait trois fois du bras en six heures, et quelquefois, du pied, le lendemain, une ou deux fois.* » Le pansement, renouvelé au bout de 24 heures, était levé ensuite *deux fois le jour* et échangé, quand tout se passait normalement, contre le bandeau noir, du douzième au quinzième jour. Daviel, en effet, dans la lettre VI, dit expressément : « *mes malades ne passent guère plus de 15 jours pour la guérison radicale.* »

L'oculiste ordinaire de Louis XV avait bien choisi son correspondant (1). Caqué était aussi intelligent qu'actif, raisonnablement ambitieux, et l'ordre trouvé dans ses papiers implique un esprit extrêmement méthodique. Il observait fort bien. L'iridectomie involontaire faite dans

(1) Appendice, XVII.

le cas de Marie Baziu (lettre VI) ne lui avait pas échappé, et non seulement il n'y avait pas trouvé matière à critique, mais il regardait cette section de l'iris, dont Jacques Daviel se défendait si fort (1), comme un trait de génie, *un coup de grand maître ;* comme *un exemple que, lui, Caqué, ne se ferait, en pareil cas, aucun scrupule de suivre.*

Pourvu, depuis peu, du diplôme de maître en chirurgie, Caqué ambitionnait le titre de membre correspondant de l'Académie de chirurgie. L'épisode du voyage à Reims et l'enquête académique sur Daviel servaient merveilleusement ses projets. Il y gagnait des chances nouvelles et des parrains comme Daviel, MM. Falconnet et Benomont. L'espoir d'un succès prochain, le désir de plaire à ses influents protecteurs tinrent notre compatriote en haleine et intéressèrent son jeu. Daviel ne fut pas ingrat. Le 16 mai 1752, il annonce officieusement à Caqué qu'il est élu de la veille, et le félicite sur sa nomination. Il y était bien pour quelque chose.

Nous ne saurions prétendre à une exactitude absolue dans l'évaluation des résultats, bons ou mauvais, des 43 opérations de cataracte dont il s'agit ici. Il y a des lacunes au rapport envoyé de Reims à l'Académie. Caqué n'avait pu vérifier, *de visu*, la situation des 35 yeux qu'il y mentionne. Les nouvelles de quelques malades sont vagues et de seconde main. Enfin, le degré de vision — nous dirions aujourd'hui l'acuité visuelle — est noté bien sommairement. D'après le rapport de Caqué, dont une copie est au dossier, 9 sur 35 des yeux opérés étaient perdus ; ce qui, à supposer une même proportion d'insuccès et de succès dans les 8 cas non relatés, donne environ 25 pour 100 d'insuccès, soit 31 guérisons ou améliorations. Daviel, à ce qu'il semble, en espérait 38. Au surplus, il importe

(1) Daviel paraît s'être réconcilié plus tard avec la section de l'iris.

peu. Avec quelque réserve qu'on interroge ces chiffres, la réponse s'impose. Jacques Daviel tirait de sa méthode si nouvelle et encore fruste tout le parti qu'on en pouvait tirer, dans les conditions de temps, d'entourage et de milieu, certes peu favorables, où il l'exécutait à Reims, en 1751. Amenés ici quelquefois d'assez loin (1), logés au hasard de leurs relations ou de leurs ressources, laissés aux soins de divers médecins, bien intentionnés sans doute, mais moins compétents, ses malades n'avaient certes pas les garanties matérielles de guérison qu'offrent aujourd'hui la plupart des cliniques spéciales

Aussi, dussions-nous réduire encore le chiffre vrai des cures définitives de Daviel dans la période d'essai de sa méthode d'extraction (les deux premières centaines), qu'il faudrait néanmoins accorder beaucoup, en appréciant ces résultats, à cette merveilleuse sûreté de coup d'œil, à cette admirable dextérité opératoire que Diderot mit en scène, avec une ardeur attendrie, dans une page inoubliable. (2)

Oui, l'habileté de Daviel devait être grande, si l'on songe qu'entre ses mains, et quoiqu'il entaillât circulairement la cornée en dépassant le diamètre horizontal de cette membrane, l'écoulement accidentel de l'humeur vitrée était pourtant chose rare. Caqué et Daviel fils en ont témoigné séparément (3), à notre grande surprise, mais aussi à notre grande édification. Combien d'illustres chirurgiens, au siècle suivant, n'ont pas eu tant d'égards pour cette pauvre humeur vitrée ! Il en coula des flots, dans tous les services hospitaliers de la France et de l'étranger, tant et si bien qu'il fallut encore 150 ans envi-

(1) Gérard Diancourt, *d'Herpy* (*Ardennes*), Robert Gaillot, *d'Ecueil* (*Marne*), J. Lépitre et Jean Duchêne, de *Chigny* (*Marne*), Nicolle Rouard, de *Rilly* (*Marne*), M. le Président (?), de *Sedan* (*Ardennes*), etc.

(2) *Addition à la lettre sur les aveugles*. (Diderot, Œuvres complètes).

(3) DAVIEL fils. *Journal des Savants*, février 1756, p. 106.
CAQUÉ. *Mémoire sur l'opération de Daviel*. (Manuscrits de Reims).

ron pour détrôner l'opération de la cataracte par abaissement et pour la discréditer sans retour possible.

Le chemin des innovateurs n'est pas semé de roses. Daviel, comme les autres, l'éprouva douloureusement. Il n'était pas rentré à Paris depuis six semaines, qu'on lisait en pleine Académie une lettre écrite de Reims et bien faite pour jeter hors des gonds l'homme le plus cuirassé de philosophie. D'après le correspondant rémois (1), *12 opérés seulement pouvaient, à peine, distinguer un objet à 2 ou 3 pieds de distance.* Daviel fut défendu, dans la docte assemblée, par M. de Benomont ; mais il bondit sous l'attaque, et la risposte ne se fit pas attendre.

« *Il y a longtemps,* écrit-il, *que ma réputation est à l'abri de la méchanceté et un semblable trait ne peut partir que d'un ignorant et d'un jaloux de profession. Je découvrirai son nom et je ne manquerai pas de le remercier de ses bons offices...* »

Daviel réclame de Caqué une contre-enquête et il ajoute :

« *J'ose me flatter, Monsieur, que vous ne me refuserez pas cette grâce... Ayez donc la bonté de faire le plus de diligence que vous le pourrez et de ne pas omettre un seul des malades..... Et comme il y a, je crois, quelques-uns de ces malades absents, je vous prie de les aller voir chez eux. Je vous promets de vous rembourser les frais que vous pourrez faire à ce sujet, dont je remettrai le montant à M. de Benomont à votre première réquisition. Songez, Monsieur, qu'en me rendant le service que je vous demande, vous obligerez en moi un bon ami, qui en sera, toute sa vie, reconnaissant,*

(1) La correspondance de Daviel et de Caqué ne nous fixe pas avec certitude sur le nom de l'auteur de la lettre incriminée. Caqué se contente de défendre Museux que Daviel n'accusait pas. Est-ce là un indice ? Ne réveillons pas cette vieille querelle !

que vous travaillerez pour l'honneur de la chirurgie et pour celui de M. de Benomont qui s'en est mêlé. »

Suivaient la liste des opérés, l'état des yeux au départ de Daviel, d'après les notes qu'il avait emportées, et enfin cette requête suprême, empreinte de la plus évidente bonne foi :

« *Je prie M. Caqué de vouloir bien mettre à la marge le véritable état des malades et de bien faire légaliser le tout, pour le présenter à l'Académie de chirurgie.* » (1)

Cet épisode n'eut pas de suites. Daviel, tranquillisé par le rapport officiel de Caqué, abandonne à ses remords l'auteur non déclaré de la lettre à M. Chopillon, se contente des satisfactions accordées et rentre ses foudres. Autour de lui, d'ailleurs, les encouragements ne faisaient pas défaut. Des chirurgiens en renom mettaient sa méthode à l'essai (2), et si des émules dignes de lui s'occupaient déjà de la perfectionner, d'en simplifier l'outillage, si des rivaux de moindre aloi, l'italien Palucci, le frère Côsme et le chevalier Taylor, tentaient de détourner à leur profit une part de sa gloire grandissante, il n'en restait pas moins dès lors, pour le présent et pour l'avenir, le maître incontesté du champ clos.

Comment s'étonner que dans cette vie militante, où la bataille est de tous les jours, le vainqueur triomphe avec éclat et riposte, à l'occasion, par des coups de pointe aux coups fourrés qu'on lui destinait ? On chante Daviel en prose et en vers, et Daviel, sans fausse pruderie, l'annonce à son ami Caqué.

(1) Le manuscrit du second des rapports de Caqué, retrouvé par M. le Dr Dureau aux archives de la Bibliothèque de l'Académie de médecine, a été publié par notre savant collègue dans la *Gaz. méd. de Paris*, 1880, feuilletons des 2, 9 et 16 novembre. Le brouillon du premier est au dossier. (Appendice, XII, 17).

(2) De la Haye, de la Faye, Garengeot, etc., etc.

« *Je joins ici un ode qu'une personne de considération a fait à mon sujet, en reconnaissance d'un œil que je lui ai sauvé. C'est M. le Chevalier de Forbin, neveu de feu Mgr le cardinal Jeanson. Cet ode a été fort goûté par les savants : faites-la voir à vos amis.* »

C'est de l'apologie, si l'on veut ; mais elle glisse et n'insiste pas. La note ironique n'est guère ici plus appuyée. Le frère Cosme (1) opère, et opère fort mal, à l'œil gauche, un marchand du faubourg St-Antoine guéri par Daviel d'une cataracte de l'œil droit. Et Daviel d'écrire :

« *M. de Vermale a nommé ma méthode opération Daviélique et j'ai nommé celle du frère Cosme l'opération comique. Il est vrai qu'elle est drôle et qu'il faut être moine pour l'avoir imaginée.* »

Le chirurgien ordinaire du roi, en fonction depuis près de trois ans, dût, en quittant Reims, aller prendre son service et rejoindre la Cour à Choisy-le-Roi (11 octobre 1751). Il n'eut donc que deux jours à consacrer aux malades qu'il laissait à Paris, où son fils, installé avec lui au second étage d'une maison de la rue de Choiseul, le remplaçait en ces occasions. A Choisy-le-Roi, comme à Fontainebleau, comme à la Muette, les plaisirs ne chômaient pas. C'était la saison des chasses. Louis XV menait de front la poursuite du cerf et le traitement d'une arthrite du genou.

« *Le roi*, écrit Daviel, *avait fait une chute à Compiègne, l'été passé, où le genou gauche fut un peu contus ; mais comme Sa Majesté ne s'écoute guère, il ne fut pas saigné, quoiqu'il y en aurait eu un grand besoin... C'est le 3me ou le 4me de ce mois que le roi ressentit une douleur au genou, qui devint douloureux et fort gonflé, ce qui l'em-*

(1) Jean Baseillac.

pêchait de marcher. M. de la Martinière fit des douches émollientes et résolutives qui firent fort bien, puisque Sa Majesté, qui ne pouvait marcher, dimanche, qu'à l'aide de deux écuyers, est allée avant-hier à la chasse au sanglier et en a pris trois... Le roi est encore allé hier à la chasse du cerf et en a pris deux... Le genou est douché, tous les jours soir et matin ; toute la Faculté (1) se trouve présente aux pansements. Vous devez imaginer que je n'y manque pas. »

Ces chasses et ces douches émollientes, alternant avec une bizarre régularité, n'étaient pas, autant qu'on pourrait le croire, du temps perdu pour Daviel. Elles lui laissaient du loisir pour sa correspondance et pour le soin des malades qui le venaient voir. Elles lui permettaient aussi de pousser sa méthode dans le monde, et d'attirer sur elle l'œil distrait des courtisans et des ministres du *roy bien-aimé*.

« *... Ce grand prince est d'une patience d'ange. Il dit, le lendemain de mon arrivée, à M. de Chicoyneau qui allait à son lever : — Chicoyneau, avez-vous vu Daviel? Il est venu hier à mon coucher ; il a apporté des beaux présents (2) et il fait aujourd'hui l'extraction de la cataracte. — M. de Chicoyneau dit cela présence de M. le Maréchal de Belle-Isle (3), dans l'antichambre du roi, et que Sa Majesté paraissait fort contente de moi.....* »

L'oculiste de la Cour suivait quelquefois les chasses ; mais il y restait oculiste.

(1) Dans un autre passage des lettres à Caqué, Daviel écrit : toute la Faculté de la Cour. Il faut prendre ici Faculté dans le même sens restreint.

(2) Il s'agit des cadeaux envoyés par la princesse Palatine de Deux-Ponts, soignée par Daviel en 1750.

(3) M. de Belle-Isle était à Metz, à la même époque que Daviel, un peu avant le voyage de Reims, et y avait entendu parler des opérations pratiquées dans la première de ces villes.

« *Le roi m'a fait l'honneur de me parler, il y a une douzaine de jours, de ma nouvelle façon d'extraire la cataracte. Sa Majesté en fit l'éloge, présence de plusieurs seigneurs de sa Cour, à la Meute* (1), *maison de plaisance dans le bois de Bologne. S. M. voullait voir les cristallins que j'avais tirés des yeux, et comme S. M. était là pour chasser le daim, elle me fit servir une dine femelle et sortir la matrice dont je tirai le petit fœtus qui avait deux mois, dont j'eus l'honneur de faire la démonstration au roi, avec applaudissement.* »

Le 26 octobre, il écrit de Fontainebleau :

« *Nous rentrons de la chasse — il est cinq heures du soir — après avoir pris deux gros cerfs à l'un desquels j'ai fait l'extraction des deux cristallins.* »

Et deux jours après :

« *J'arrive de la chasse ; il est quatre heures et demie; le roi nous a fait faire trois lieues : il a pris deux cerfs. Monseigneur le Dauphin est arrivé ici, depuis le 25, avec madame la Dauphine, en fort bonne santé. Je ne sais si je vous ai marqué que le roi a voulu voir les présents de la princesse. La reine et madame les ont vus aussi et leurs Majestés ont lu la lettre que la Princesse m'avait écrite, ce qui a fait plaisir à toute la famille royale, dont j'ai eu l'honneur d'examiner les yeux, vendredi passé, dans la chambre du roi. Je n'ai jamais rien vu de si beau et je n'ai jamais touché des yeux si parfaits, de même que ceux de la reine.* »

A une époque où tant d'autres, dans l'entourage de Louis XV, se faisaient courtisans pour augmenter fortune ou crédit, Jacques Daviel ne se réjouit de la faveur des

(1) Pour la Muette.

grands qu'en vue de préconiser sa jeune découverte et d'en accroître la bonne renommée. Il se montre bien, ici comme ailleurs, le médecin désintéressé que nous ont présenté ses biographes (1).

Nous le voyons aussi, en ces lettres à Caqué, dans le déshabillé du simple praticien que nulle question de détail ne rebute. Un jour, il s'excuse auprès de son correspondant d'une commission laissée en souffrance.

« *Vos instruments seraient déjà faits, Monsieur, si le coutelier qui les a commencés n'avait été fort malade... Il m'a promis de les finir après les fêtes.* »

Et il ajoute :

« *J'écris par ce courrier à Mlle Masson, et je remettrai au premier courrier qui partira de la pommade et de l'eau blanche.* »

Ces petits traits ne sont pas rares dans les lettres qu'on lira plus loin. Daviel ne nous était encore connu que par de rares témoignages. Sa figure gardait pour nous la solennité un peu froide, un peu figée, des médaillons et des bustes. Cette courte correspondance le rapproche singulièrement de nous. Elle l'anime et lui rend la vie. Elle nous le montre chirurgien de Cour et homme privé, avec et sans son panache, un brin *glorieux*, sans doute, comme l'étaient nos pères ; mais esclave du devoir, tout à son œuvre de progrès et ayant toujours en vue cet idéal si rarement atteint, l'unité de la vie. Sa passion dominante, unique peut-être, a été son art. Nous apercevons chez le vieux maître l'audace entreprenante des inventeurs et la persévérance des forts. Les obstacles, il dût, selon les cas, les attaquer de front avec une fougue toute méridionale, à la mode marseillaise, ou les tourner, quand il ne pouvait

(1) Eloge de Morand (Opuscules) et divers.

faire autrement, avec la finesse native de sescompatriotes. Son portrait, le caractère graphologique de ses autographes, l'allure générale de ses lettresà Caqué, style et fonds, tout nous porte à lui attribuer le tempéramentd'un sanguin rassis. Daviel a la belle assurance que donne une pratique étendue ; mais il sait aussi que rien ne dure des œuvres improvisées. Il connaît le prix des études préparatoires, des recherches minutieuses, des essais répétés et variés dans leurs conditions. C'est de lui que M. de Joyeuse a écrit, pour caractériser son activité d'anatomiste aux amphithéâtres de Marseille : « Ce Daviel n'a jamais assez de cadavres ! » Et M. de Joyeuse aurait pu ajouter, sans se compromettre : ce Daviel a la combativité généreuse des poules mères dont la couvée est en péril. Il a bec et ongles, et quand il attaque, c'est pour se défendre.

Sans doute, emporté par son élan vers le mieux, Daviel a quelquefois bousculé des contradicteurs prévenus ou ignorants et de mince compétence. Mais il ne repoussait pas la discussion et savait la rendre courtoise. Il ne dédaigna pas les alliances. Assuré de la valeur de son crédit, il ne s'en cache pas à ses correspondants et stimule ainsi leur zèle : échange de bons procédés en honneur sous tous les régimes. L'amour-propre, il l'a haut placé, inclinant moins à la vanité du personnage toujours en vue qu'à la fierté du forgeron qui forge bien, et qui s'en vante. Mieux vaut, n'est-ce pas, ce péché mignon qu'une hypocrite modestie ?

On a dit qu'il était bon : cela va de soi. Ce trait de caractère s'accorde ici avec les autres. Il en reste une tradition toute vive à Rouen, chez ses arrière-neveux. Daviel dut être aussi un bon vivant, un homme aimable, à cela près qu'il dépensait toute sa longanimité auprès de ses malades, et n'en gardait point pour les inventeurs de mauvaises méthodes opératoires et de médiocres instruments. Mais nous rencontrons chez lui au plus haut degré la vraie patience, celle qui va de pair avec le génie. Et nous ne saurions trop le redire : s'il compte aujourd'hui, en bon rang, parmi les bienfaiteurs des hommes, ce n'est pas le concours fortuit des circonstances qui l'a porté là, mais bien l'opiniâtre mise en œuvre de ses dons naturels. Jacques Daviel s'est élevé pas à pas, sans défaillances, d'un effort continu, vers le sommet glorieux où son nom est à jamais inscrit.

APPENDICE

A

LETTRES DE DAVIEL & DE CAQUÉ

I

1re Lettre de Daviel à Caqué (1)

a fontaine bleau le i5 8bre 1751.

je suis arrivé jeudi passé 8e du courant à paris a minuit monsieur, et a peine j'ai eu le temps de me reconnoitre tant par plusieurs malades qui me sont venus voir que parceque j'ai été obbligé de partir dimanche au soir pour me rendre à Choisi ou le roy a été couchér ce même jour, ainsi vous voyés monsieur qu'il étoit temps que j'arrivat pour me rendre a mon devoir, j'ai été obbligé même de laisser la tous les malades qui m'étoient venu trouver, et de les renvoyér a quelques jours pour faire les operations qui leur sont necessaires, je les ay laissés entre les mains de mon fils qui en aura soin jusqu'a mon retour, qui a ce que jespère ne sera pas long ; j'ai été extrêmement faché d'etre obbligé d'abbandonnér sitôt les malades que j'avois entrepris a reims, surtout mr le chanoine, et mr le president de sedan, je compte cependant que vous aurés eu un grand soin de mr le chanoine, et des autres que je vous ay laissés entre les mains, dont je vous supplie très humblement de vouloir bien me rendre un compte exact de chacun.

j'ai rendu a mon arrivée a Paris la lettre que vous m'aviés donnée pour mr benomont, il ma promis de la lire dans

(1) L'orthographe des lettres a été aussi scrupuleusement respectée que le texte. *Lapsus*, négligences, répétitions échappées à l'auteur, tout est reproduit dans ces pages. Mais nous avons un peu ajouté à la ponctuation, quand la clarté l'exigeait. (D.).

l'assemblée de l'académie de chirurgie qui fut hiér jeudi 14e de ce mois.

Je n'ay eté gueres oisif depuis mon arrivée auprès du roy. vous aurés sans doute appris son incommodité qui doit avoir fait bruit, mais comme bien des gens debittent souvent plusieurs nouvelles qu'ils ne scavent pas je vais vous apprendre le vray.

Le roy avoit fait une chute a compiègne, l'eté passé, ou le genou gauche fut un peu contus, mais comme Sa Majesté ne s'écoute guères il ne fut pas saigné, quoy qu'il en auroit eu un grand besoin. cecy avoit passé jusqu'au voyage de (*illisible*)[1] dernièrement, vers le 3e ou le 4^{e}de ce mois que le Roy ressentit une douleur au genou qui devint douloureux et fort gonflée, ce qui l'empêchoit de marcher. m^{r} de la martinière fit des douches emolientes et résolutives qui firent fort bien, puisque Sa Majesté qui ne pouvoit marcher dimanche qu'a l'ayde de deux ecüyérs, est allée avant hier a la chasse au saugliér et en a pris trois, elle a monté a cheval, et marche sans le secours de personne, et ne ressent plus de douleur. Le genou est douché tous les jours soir et matin par m^{r} de la martinière, toute la faculté se trouve presente aux pensements, vous devés vous imaginer que je ny manque pas, quoy que gràces a Dieu tout va bien. Le roy est encore allé hier a la chasse du cerf, et en a pris deux, le soir j'ai assisté au pansement de son genou et a son coucher. Sa Majesté etoit fort bien, ce mattin de même, il n'y a point eu de chasse c'etoit jour de conseil. ainsi au cas qu'on vous parlat vous pouvés rassurer tout le monde, et (dire) que nottre bon maître va bien. ce grand prince est d'une patience d'ange, il dit le lendemain de mon arrivée a m^{r} de Chicoyneau qui alloit à son levér Chicoyneau avés vous vu Daviel, il (est) venu hier a mon coucher, il a apporté des beaux presents, et il fait aujourd'huy L'extraction de la cataracte, m^{r} de Chicoyneau dit cela presence de m^{r} le maréchal de belille dans l'antichambre du roy, et que Sa Majesté parroissoit fort content de moy. m^{r} de belille dit mille choses avantageuses sur mon

(1) *Crescy*, probablement.

compte a la presence de plusieurs de la cour qui se trouverent la et a la première occasion m^r^ de belille en parlera au roy de tout ce que j'ai fait sous ses yeux à mets, vous voyés monsieur qu'il est avantageux d'avoir des preconiseurs de cette façon, surtout auprès des roys et des princes.

Je vous prie de faire part de ma lettre a m^r^ josnet a qui je vous prie de presentér mes respects et a m^r^ son fils, a m^r^ le Chanoine, m^e^ votre épouse, a m^r^ et m^e^ meric et a tous vos messieurs, je nay pas manqué de rendre un bon compte à m^r^ de La martinière de touttes les politesses que j'ai receües de votre communauté, et je vous rends mille très humbles graces de celle que vous m'avés fait en particuliér, et de la connoissance que vous m'avés donnée de m^r^ de Benomont, fournissés moy monsieur des occasions de pouvoir vous en temoignér ma gratitude, et vous assurér qu'on ne peut être plus (*sic*) je le suis,

Monsieur
Vottre très humble et très
obbeissant servitteur

DAVIEL.

mon adresse a m[r] Daviel cons. chirurgien ordinaire, oculiste du roy, et de Son A. S. Mg[r] l'electeur Palattin. *a la cour.*

je vous prie de me repondre incessament et de demander a m[r] josnet s'il a eu la bonté de parlér de moy à Mgr larcheveque de reim's et si ce prelat partira bientôt pour Paris.

Repondés je vous prie incessament a ma lettre et a tout ce que je vous marque.

je prie mr caquet (*sic*) de me rendre compte des malades cy appres

mr caquet a soin des cy appres nommés

hôpital

Plageot	2
diancourt	2
du chêne	2
lépitre	2
gaillot	2
haynaud	2
La femme de Rylly	2
menuisière	2
bazin	2
Prevot perruquiér	1
mr le chanoine	2
	21

malades de mr méric

mr le president	1
missa	2
jaloux	2
	5

mr orgelet

mr briotel	1
la marechale	1
gigot	2
claude michel	2
	6

mr fillon (*sic*)

hebrard meuniér	2
pasquiere	2
Lepage	2
	6

mr dodé (*sic*)

mlle Noiron	1
	1

mr musé (*sic*)

bordène	2
	2
Letonné	2
	2

ce derniér malade demeure parroisse St-Julien rüe du pistolet paroisse St-Julien chez m. le vasseur entre deux ponts.

II

1re Lettre de Caqué

Réponse fait à M. Daviel le 24 8bre 1751 à sa lettre du 15 du même mois (1)

L'envie de vous rendre un compte exact et fidel de létat actuel de vos malades de Reims a été l'unique cause du retard de ma Reponse, j'espère que vous voudrez bien excuser le long silence que j'ai gardé puisqu'il a eu pour but de vous satisfaire entièrement en vous donnant des nouvelles certaines du succès de vos opérations comme vous me faite l'honneur de me le mander. Pour cet effet, j'ai commencé par voir mes confrères cité dans votre Mémoire afin d'aprendre d'eux ce qui s'étoit passée chez les Malades depuis votre départ et m'assurer en même temps par moi même de l'état des yeux de ces malheureux. J'ai vu d'abord M. fillion qui m'a accusé qu'Evrard le meunier ne voyoit qu'en bas et qu'il n'en connaissoit pas la cause, que ce malade qui est de Sixone (2) sept lieües d'ycy étoit party huit jours après l'opération, et que depuis il n'en avoit aucune nouvelle. Il m'a dit ensuite qu'il n'avoit pas suivy le nommé Le Page, que cet homme étant vigneron de M. Calmet bourgeois de notre ville, il étoit retourné chez lui 8 ou 9 jours après l'opération, que tout ce qu'il en scavoit est que M. Calmet lui avoit dit que le malade ni voyoit pas. Quant à Pasquière que vous cités dans le nombre des malades de M. fillion, il n'en a nulle connoissance, et je n'ai pu le decouvrir.

Monsr Dodet m'a dit que Melle Noiron alloit très bien elle va actuellement dans les rues ; j'espere la voir au Ier jour.

Depuis que j'ay reçu l'honneur de votre lettre Je n'ay pu joindre M. Orgelet qu'aujourd'huy et voila la ppIle cause du retard de ma Reponse. Nous avons été lui et moi voir le

(1) Copie conforme (moins les ratures) au brouillon de la lettre de Caqué
(2) Sissonne (Aisne).

s^r Briotel à qui j'ai trouvé la cornée transparente fort embarrassé et opaque de sorte qu'il ne voit nullement. M^r son gendre et Mlle sa fille m'ont assuré qu'il n'avoit eu aucun menagement, qu'il n'avoit observé aucun regime ny repos que les pansemens finis il retiroit le plus souvent l'appareil.

Nous avons ensuite passé chez la marechale qui m'a émerveillé, cette femme voit de son œil comme si elle n'eut jamais souffert l'extraction du cristallin, on apperçoit que tres peu la cicatrice de la cornée transparente et le globe de l'œil paroit dans sa situation naturelle, elle voit au point qu'elle m'a assuré qu'elle enfiloit une aiguille. De la nous sommes passé chez la Claude Michel que j'ai trouvé en fort bon Etat et voyant fort bien, puisqu'elle fait la difference de la petite monnoye. Quant au s^r Gigot, Mr Orgelet m'a assuré qu'il voyait aussy bien que cette derniere.

J'ai demandé des nouvelles de bordene â Mr Museux qui m'a dit n'en sçavoir aucune sinon que le malade étant de campagne, il étoit retourné chez lui. Quant à Mr Meric il doit vous avoir donné des nouvelles de ses malades tout ce que je puis vous en dire cest que j'ai rencontré par hazard le nommé Jaloux, je me suis assuré et informé de son Etat. Il a a l'œil droit un petit staphilome ou hernie de l'iris mais cela ne l'empeche pas de voir et distingué de cet œil puisqu'il me fit la difference de plusieurs objets, et entrautres une piece de deux sols d'une piece de dix huit deniers. quant à l'œil gauche il n'en voit qu'en haut. Je lui ay recommandé de ne pas s'exposer au froid et au grand air, et de mettre sur son œil droit une compresse qui comprime legerement cette partie par rapport à la hernie.

Passons a present au detail de mes malades. — Vous scavez des avant votre depart que l'œil gauche de Mr Grandvallet chanoine est perdu, il n'y à pas de ressousce malgré les fomentations que vous avez conseillé et qui ont été pratiqué jusqu'aujourd'huy, je l'ai resaigné il y a quelques jours, tant par rapport à l'inflammation de cet œil que par rapport à des douleurs vives de reins qu'il ressentoit. Il ne distingue les objets qu'avec beaucoup de peine de son autre œil quoi que la cicatrice soit tres bien formé et qu'il n'y ait nulle supuration, mais on appercoit un embarras en maniere de tayes à la cornée transparente vers le petit angle, lequel embarras se continue jusque sur la prunelle qu'elle (*sic*) couvre tant soit peu aussi le malade ne voit il pas du côté de loreille.

La femme du s[r] Ganneron ne peut encore suporté le jour mais elle voit cependant et distingue beaucoup d'objets, elle souffre de tems à autres des douleurs au dessus des orbites, je lui ay conseillé de se faire resaigné mais je pense qu'elle s'en gardera bien.

Marie Bazin à toujours été en tres bon train de guerison jusqu'a mercredy dernier il est survenu inflammation principalement à l'œil gauche et il paroit espece de petite taye à la cornée transparente de cet œil, elle voit cependant assés bien et distingue la grosse monnoye. Je l'ai saigné pour cette inflammation et ay fait fomenter lœil.

Le s[r] Prevot perruquier est borgne et la cornée transparente est *tout à fait opaque.*

Le nommé Diancour a les deux yeux tres sensible et enflammés, il ne peut supporter le jour qu'avec peine ce qui fait qu'il ne distingue les objets que tres imparfaitement quoique la cicatrice soit bien formé et que la cornée ait conservé sa transparence, il a des insomnies et sent des douleurs au dessus des orbites, pour ce il a été resaigné deux fois du pied et à pris quelques calmants.

Duchene voit et distingue jusqu'à une epingle de son œil gauche qui est en très bon Etat quoique la paupiere superieure soit renversé vers le globe de sorte que les cils piquent l'œil. Depuis que je me suis apperçu de cet accident j'ay toujours recommandé au malade de tirer doucement la paupiere inferieure en bas. Le malade n'apperçoit nullement de l'œil droit et la cornée paroit opaque — Lepitre est dans le même Etat que Diancour a lexception que Lepitre ne ressent que peu de douleurs.

Quant à Gaillot vous m'avez annoncé avant votre depart là perte de son œil droit. L'œil gauche est encore tres sensible un peu enflammé et la reunion de la cornée transparente nest pas encore parfaite. Le malade voit et distingue les objets mais difficilement.

L'etat d'Hainauld est tres agreable pour lui il voit tres bien des deux yeux et distingue jusqu'a une epingle il n'a aucun accident.

La femme de Rilly est retourné chez elle je l'ay suivy presque jusqu'a son depart elle alloit tres bien, et sa belle sœur m'a assuré avant hier que sa vue se soutenoit dans le bon Etat que je l'ai laissé

Le nommé Plageot est sorty de l'hotel Dieu il y a du temps, il alloit passablement bien je conte en scavoir des nouvelles dans peu

Quant a L'etonné cest un pauvre qu'on m'a dit courir du matin au soir demander l'aumone signe qu'il y voit.

Voila Monsieur Letat actuel de vos malades je suis mortifiée qu'il y en ait qui se soient echapés de dessous les yeux de nos confreres. Soyez persuadé je vous prie que je ne negligerai rien pour en apprendre des nouvelles certaines et que je continueray mes soins à ceux qui m'ont été confiés afin de pouvoir vous rendre compte des faits et rendre toute la justice düe à votre merite. flatté, Monsr par la confiance dont vous m'homorez, je m'estimerois heureux si je pouvois la mériter par quelque endroit, et encore plus parce quelle me fournit l'occasion de vous renouveller les assurances du respect avec lequel j'ay l'honneur d'etre...

III

2me Lettre de Daviel à Caqué

a fontaine bleau le 26 8bre 1751.

(Reçu le 30e et repondu le même jour) (1)

Les protestations d'amitié sont inutiles Lors qu'on les dement dans les occasions, permettés monsieur que je me plaigne de vottre silence, et que je vous dise que je ne crois pas me l'etre atiré Lors de mon sejour à reims, j'en ignore le motif.

a peine j'ai eté arrivé que je vous ay ecrit, c'est a dire Lorsque j'ai eté un peu tranquile a fontaine-bleau, je suis sur que ma lettre vous aura eté remise, puisque je l'ay mis à la poste moi méme, avéc une autre que j'ay ecrit a Sedan Le 15e du courant, dont j'ai eu reponse le 23e. vottre silence me surprend infiniement car encore une fois je ne crois pas me L'être atiré

dans ma precedente, je vous faisois un petit detail de mon arrivée a la cour, je ne vous le repeteray point icy je vous diray seulement que le roy est tout a fait bien de son genou, auquel on ne fait plus rien, et Sa Majesté est si parfaitement bien que nous arrivons de la la chasse il est cinq heures du soir, apprés avoir pris deux gros cerfs a L'un des quels j'ai fait l'extraction des deux cristalins

je vous avois prié instament monsieur de vouloir bien me donnér des nouvelles des 11 malades qui font 21 cataractes dont vous avés bien voulu vous chargér Lors que je suis parti de reims, dont je suis très persuadé que vous aurés eu un grand soin, mais je brule d'impatience de sçavoir l'etat de ces malades, et vous m'auriés fait un vray plaisir monsieur de me Le marquér, je ne scay pas pour quoy vous ne L'avés pas fait, d'autant mieux que vous m'aviés promis solennele-

(1) Ces mots sont de la main de Caqué (D).

ment en partant de me donnér de vos nouvelles, seriés (vous) malade, ou absent? ce qui pourroit bien être, cependant j'aimerois encore mieux que vous fussiés absent que malade

Je finis pour ne vous pas ennuyér, si vous vouliés m'écrire vous me feriés un vray plaisir, mais si vous ne le faites pas je n'en seray pas moins

Monsieur

Vottre tres humble et très obbeissant servitteur

DAVIEL

Chirurgien

mon addresse
est Mr Daviel etc.
a la cour.

Au verso :

DE FONTAINEBLEAU (1)

Monsieur
Monsieur Caquet me chirurgien
juré et chirurgien major de l'Hôtel Dieu
a reims
En Champagne

Très recommandée
à Mr le Controleur de la poste
deLapart de Son servitteur *Daviel*
chirurgien

(1) Timbre postal (D.).

IV

3me Lettre de Daviel à Caqué

a fontaine bleau le 28 8bre 1751
à 6 heures et demies du soir

J'ai reçeu avéc un plaisir infini monsieur lettre que vous m'avés fait L'honneur de m'écrire de reims le 24e du courant et je vous fais réparation, C'est moy qui ai tort, et non pas vous, mais vous scavés qu'il ennuye a celui qui attend. une autre fois je modéreray mon impatience sur tout avec des personnes de votre caractere, puisque vous scavés si bien vous acquittér de vottre parole.

J'ai été enchanté des bonnes nouvelles que vous m'avés donné de mes malades. Evrard ne voit qu'en haut a cause de la cicatrice, et du petit nuage qui la suit, ce qui passera. Lepage a sans doute eu des larmes qui l'empechoient d'y voir. Je ne doute pas que les cicatrices etant par faites qu'il ne voye bien, il faut le temps a tout. Pasquière demeure place Cavot (?) chés mr Melin son fils. L'opacité de la cornée de mr Prevot est intérieure, je l'avois vüe c'est une portion du reste du cristallin qui s'est attachée contre, ce qui passera. J'ay dejà vu ce cas deux ou trois fois. L'opacité de mr le Chanoine et des autres qui sont dans le même cas s'évanoüira, sur tout lorsque l'œil aura repris son tonus naturel, et lorsque les cicatrices des cornées transparentes seront fermes. Les malades y verront, exhortés les d'avoir patience, vous scavés comme moy qu'il est certains sujets dont Les cicatrices des playes sont très difficiles a se faire, cela depend de la constitution plus ou moins bonne du malade operé, chacun n'a pas la même façon. Vous m'obligerés infiniment de suivre tous ces malades, et de me mandér leur état a vos heures perdües.

J'arrive de la chasse il est quattre heures et demie, le roy nous a fait faire 3 lieües il a pris deux cerfs. Mr le dauphin est arrivé icy depuis le 23me avec Me la dauphine en fort bonne santé. Je ne sçay si je vous ay marqué que Le roy a voulu voir les presents de la princesse, La reyne et Mesdames les ont vus aussi, et Leurs Majestés ont lu la lettre que La Princesse m'avoit écrit ce qui a fait plaisir a toutte la famille royale dont j'ai eu L'honneur d'examiner les yeux vendredi passé dans la chambre du roy, Je n'ay jamais rien vu de si beau, et jamais je nay touché des yeux si parfaits de même que ceux de La reyne. J'arriveray a paris Le 20e. Le roy partira d'icy le 18e du mois prochain pour Choisi, Lorsque je seray a paris, vous pourrés Monsieur, y disposér de

Vottre très humble et très obbéissant serviteur

DAVIEL.

Mes respects à MM[rs] Jonet père et fils.

Mon fils est a paris je vous remercie pour lui T... (1) vous salüe, il est icy avec moy, à cause de quelques malades que j'ay icy, Daviel (2) a soin de ceux de paris.

Je dois faire dimanche prochain L'extraction de deux cataractes, presence de toutte La faculté de chez Le Roy.

mes respects je vous prie à m[me] vottre chere epouse et mille compliments a tous vos messieurs.

(1) Nom propre illisible, probablement celui du *serviteur entendu* qui assistait Daviel à Reims. (D.).

(2) Daviel fils. (D.).

V

4me Lettre de Daviel à Caqué

MONSIEUR

Je n'aurois jamais cru qu'il y ut dans vottre ville d'aussi mauvois carractères pour avoir été capables d'ecrire a l'Academie une Lettre aussi impertinante que celle qu'on (a) envoyée depuis quelques jours a un des membres de l'academie même qui la lüe en pleine assemblée et qui marque expressément que de 43 operations que jai fait à rheims pour La cataracte qu'il ny en avoit que douze qui pouvoient a peine distinguér un objet a deux ou trois piéds de distance, et que le 31 autres cataractes ny voyoient presqūe pas le jour. Cette lettre calomnieuse qui a été lüe en pleine académie a été fort combatue par Mr Benomont qui a dit à L'assemblée que cette relation ne sacordoit guères avec une lettre qu'il avoit recëue de Mr Caquet sur le même sujet, et La chose me parroit si peu vray semblable que vous scavés bien monsieur que Lorsque je suis parti, j'ai laissé les malades cités dans le mémoire cy join dans le même etat que je vous le marque aujourd'huy. C'est a quoy je vous prie de vouloir bien faire attention et de Le faire faire aussi à Messrs nos collegues, surtout de ceux qui ont La probité en partage, car jai peine a croire qu'il ny ait pas quelque faux frère, en tout cas ce sera tant pis pour lui, il y a longtemps que ma reputation est (â) l'âbri de la mechanceté, et un semblable trait ne peut partir que d'un ignorant et d'un jaloux de profession, je decouvriray son nom, et je ne manqueray pas de Le remerciér de ses bons offices.

Comme je n'aime que la verité en tout, j'ose vous priér tres instament monsieur de me faire Le plaisir de vouloir bien vous donnér la peine d'examiner les malades cy joint le plus attentivement qu'il vous sera possible, et de faire même constater leur etat par deux ou trois de nos collègues, et mêmé d'un médecin si vous le jugiés necessaire affin de sçavoir a quoy m'en tenir, et de pouvoir présentér a l'academie une piece justificative qui puisse foudroyér la lettre critique et impertinente du mauvais censeur qui a jugé a propos de me critiquer si grossierement, j'ose me flattér monsieur que vous ne me refuserés pas cette grace, vous y etes compromis par la lettre que vous aviés écrit à Mr de Benomont, et par le rapport que cet habile chirurgien en a fait luy même à Lacademie en ma faveur, ayés donc La bonté monsieur de faire le plus de diligence que vous le pourrés, et de ne pas obmettre un seul des malades pour completér Le nombre des 43 operations de cataractes que jay fait à reims la plus grande partie sous vos yeux, et comme il y a je crois quelques uns des dits malades absents je vous prie de Les allér voir chés eux, Je vous promets de vous remboursér les frais que vous pouriés faire a ce sujet, dont je remettray le montant à Mr de Benomont a vottre première requisition.

Songés monsieur qu'en me rendant Le service que je vous demande, vous obbligerés en moi un bon ami qui en sera toutte Sa vie reconnoissant, que vous travaillerés pour L'honneur de La chirurgie, et celle (*sic*) de Mr de Benomont qui s'en est melé, vous travaillerés de concert avéc moy pour confondre L'envie, et nous ferons conoître a la posterité le genie du fourbe qui veut ternir ma réputation, mais quelque chose qu'il puisse faire je ne le crains pas, je me doutte a peu près qui ce peut etre, et j'espere de le confondre si vous voulés bien me donnér L'eclaircissement que je vous demande par ma lettre. Je ne doutte pas que Mr de Benomont ne vous en ait écrit, j'attendray votre reponse avec beaucoup d'impatience, et j'ay L'honneur d'etre avec autant d'estime que d'attachement

Monsieur
Vottre tres humble et tres
obbeissant servitteur
DAVIEL.

Mes respects, Je vous
prie, à Mde vottre
epouse

Je vous prie de me repondre a paris rüe dargenteüil, ou je seray le 17 de ce mois que le roi partira de fontaine bleau.

Liste exacte des 43 extractions de Cataractes, que j'ai fait a reims et qui voyoient *a mon départ.*

Mr Meric

2 françois Jaloux voyoit, il avoit des larmes.
faux bourg de Paris
2 La veuve Missa voyoit fort bien de l'œil droit, du gauche un peu d'opacité, chés le beau-frère de Mr Josnet
1 Mr le President de Sedan voyoit quand je suis parti

Mr Caquet *avoit les suivants* :

2 Plageot voyoit des deux yeux
diancourt voyoit d'un œil, des larmes a l'autre
2 duchêne voyoit des deux yeux
surtout du gauche, il avoit des larmes
2 et Diancourt de même
2 Lépitre, voyoit, des deux yeux mais il avoit des larmes
1 Gaillot voyoit d'un œil
2 haynaud, voyoit des deux yeux
2 La femme de rilly voyoit des deux yeux
2 La menuisière voyoit des deux yeux, mais elle avoit des larmes
2 Mr Grandvalet voyoit de l'œil droit
2 La dlle basin voyoit des deux yeux
1 Mr Prenot le perruquiér avoit une opacité dans la prunelle, et des larmes

Mr Orgelet :

2 Mr gigot voyoit des deux yeux
2 Claude michel voyoit des deux yeux, près la croix rouge
pres la porte de La chapelle
1 la marechale voyoit au mieux
de son œil
1 Mr Briotel prunel opaque

Mr Fillon :

2 Pasquière voyoit des deux yeux
Place cavot pres le temple chés Mr melin
peigneur son fils

meunier hebrard voyoit des deux yeux, je ne sçay pas sa demeure.

2 lepage voyoit des deux yeux, il est de Cernay le rein a une lieüe de reims.

Dodé avoit :

1 Mlle noiron, elle voyoit fort bien

Mr Musé (*sic*) avoit

2 Marie bordeee voyoit des deux yeux, de neufchatel a reims rue du bœuf couronné.

2 Létonne voyoit très bien des deux yeux, rüe du pistolet chez Mr Le Vasseur vis à vis St remi

Je prie Monsieur Caquet de vouloir bien mettre a La marge Le veritable etat des malades, et de bién faire legaliser Le tout pour le presentér a L'academie de chirurgie il obbligera son très humble servitteur

Daviel
— *chirurgien* —

VI

2me Lettre de Caqué

Réponse à M. Daviel le 26e 9bre 1751, avec les Memoires et les Reponses des Malades

Je vous envoye enfin le rapport de la visite que nous avons fait a vos malades. Je suis mortifiée de vous avoir tant fait attendre, mais vous Sentés a merveille que cet ouvrage avoit sa difficulté, tantot l'un ou l'autre de nous ne pouvoit se rendre à l'heure, tantot les malades etoient absent de leur Logis, de sorte que je n'ay pu executer vos volontés qu'avec Lonteur. quant aux malades absents de la ville, il y en à certain que j'ai vu, et d'autres que je n'ay pu me rendre chez eux tant par rapport à mes occupations, que parce qu'il y en a dont je n'ai pu decouvrir la demeure. Depuis que j'ai reçu l'honneur de la votre, j'ay eu un jour à moi duquel j'ai profité pour aller à Rilly et à Chigny visiter les yeux de la femme de Ribail, et ceux de Lepitre et de Duchêne, j'ai préféré de voir ceux cy à celui de Cernay, quoique celui cy soit plus près de notre ville, parce qu'il aime (*sic*) mieux (1) en avoir vû six que deux. Je contois aller aussy à Cernay mais mon temps ne me l'a pas permis. M. Fillion nous en a dit ce que vous trouvez de stipulé sur notre Rapport. Nous avons jugé à propos de transcrire votre Liste afin d'éloigner davantage les noms des malades et par ce moyen entrer dans un plus long detail sur leur etat. C'est ce que nous n'aurions pu faire sur votre Liste. Nous avons fait plus car je garde un double de notre Rapport que j'envoyerai à Mr de Benomont qui le presentera à l'academie en meme tems que le votre afin que vos adversaires ne puisse douter d'aucune chose sur votre compte. J'ai d'ailleurs ecrit plusieurs observations de vos operations que

(1) Pour : est mieux. (D.)

j'envoyerai aussi à Mr Benomont comme il me l'a mandé, qui ne serviront qu'à rendre justice et à votre mérite et à votre operation. Je suis très faché que la personne qui a écrit à un des Membres de l'academie ait ecrit avec si peu de bonne foy, ou de certitude, vous me mandé que vous vous douté qui ce peut être, je crois entre nous que vous soupçonné mon confrere Mr Museux mais j'ose vous assurer que cela ne vient pas de lui ; je connois l'auteur et quand vous le sçaurez vous en serez plus étonné que moi, Si c'est la personne à qui les Lettres ont été adressé qui en à fait Lecture ce sera assés pour vous devoiler le mistère. A propos, j'oubliois de vous dire que je suis faché a vous et que vous meriteriez que je ne me sois pas acquitté de votre Commission, c'est d'avoir affranchy le port de votre lettre et de moffrir de me rembourser les depens que je pourrai faire en allant voir vos malades, vous me faite l'honneur de me traiter d'amy, mais cecy semble vouloir vous dementir, selon moy. Ainsy je vous prie de m'honorer toujours de votre amitiée et de m'en donner des preuves authentiques en ne mepargnant dans ce pays cy non plus que votre propre fils. pardon si je me sers de ces termes, le zele que j'ai de vous etre bon à quelque chose me fait echaper. J'oubliois aussi de vous prier de vous souvenir de votre promesse et de la rendre efficace au sujet de vos Instruments que j'attend avec impatience. car vous avez beau faire je tiendray la parole que que je vous ay donné et je tenteray de devenir votre Disciple, mais pour ce il faut que la seconde cause soit de la même source que la premiere. Vous pouvez les remettre à Mr Benomont qui vous rendra vos deboursés.

Copie du Mémoire envoyé par Mr Daviel au Sr Caqué, chirurgien à Reims, avec les réponses que le dit Sr Daviel demande sur son Mémoire.

Réponses	*Liste exacte des 43 extractions de cataracte que j'ai fait à Reims et qui voyoient à mon depart.*
	Premt
	Mr MERIC
Le Sr Jaloux voit très bien de l'œil droit, quoiqu'il y ait un staphylome qui rend la prunelle oblique et qui occasionne des larmes. La cornée transparente de l'œil gauche est presque tout à fait opaque, de sorte que le malade n'en appercoit que le jour.	2. François Jaloux voyoit : il avoit des larmes, faubourg de paris.
Mme Missa a l'œil gauche perdu. Mais l'œil droit est en fort bon état et elle en voit très bien sur le rapport de Mr Méric.	2. La Vve Missa voyoit fort bien de l'œil droit, au gauche un peu d'opacité, chez le beau-frère de M. Josnet.
Mr le President nous n'en savons aucune nouvelle.	Mr le President de Sedan voyoit quand je suis party.
	M. CAQUÉ avoit les suivants.
Plageot voit bien des deux yeux. il y a à la partie inférieure de la cornée transparente de l'œil droit, un petit	2. Plageot voyoit des deux yeux.

embarras en forme de taye qui s'etend jusque sur la prunelle, le malade distingue les objets tels qu'un chapeau à demy porté de pistolet. Il fait même la différence de la monnoye, mais avec un peu de difficulté.

Diancourt est party le 6 novembre avec inflammation et des larmes sans pouvoir suporter la lumière, selon le rapport du Sr Caqué.

2. Diancourt voyoit d'un œil. Des larmes à l'autre.

Duchêne à l'œil gauche perdu. Mais il voit très bien du droit qui est en tres bon etat. Il distingue jusqu'à une épingle. Selon le rapport du Sr Caqué.

2. Duchêne voyoit des deux yeux, surtout du gauche. Il avoit des larmes.

Lepitre voit bien des deux yeux. Il y a encore un peu d'inflammation avec des larmes. La cicatrice de l'œil droit est parfaite, mais il y reste un petit nuage. Il y a aussi à la cicatrice de l'œil gauche un petit nuage avec un très petit staphylome.

2. Lepitre voyoit des deux yeux, mais il avait des larmes.

Gaillot a l'œil droit perdu, mais il voit très bien du gauche et distingue les objets à une longue distance, quoiqu'il y ait à cet œil un petit staphilome qui rend la pupille oblique.

Gaillot voyoit d'un œil.

Hainauld avoit les yeux fort beaux et voyait très bien des deux yeux lorsqu'il est parti le 1er novembre. Sur le rapport de MM. Macquart et Caqué.

2. Hainauld voyoit des deux yeux.

La femme de Rilly voit très bien, elle distingue les objets à une distance éloignée et ses yeux sont en fort bon Etat. Sur le rapport du Sr Caqué.

2. La femme de Rilly voyoit des deux yeux.

La menuisière voit bien des deux yeux, les cicatrices sont parfaites, et elle distingue les objets à une distance assez éloignée, quoiqu'elle ne fasse pas aisement la différence de la petite monnoye.

2. La menuisière voyoit des deux yeux : mais elle avait des larmes.

Mr Grandvallet a l'œil gauche perdu. L'œil droit est en bon état. Le malade en distingue les objets tel que la grosse monnoye. Nous avons seulement remarqué un nuage, mais très petit sur le bord de la prunelle.

2. Mr Grandvallet voyoit de l'œil droit.

Marie Bazin a la cornée transparente de l'œil gauche opaque. L'œil droit est en fort bon état. Elle en distingue les objets médiocres, comme une montre.

2. Marie Bazin voyoit des deux yeux.

Mr Prévot a l'œil très délabré. La cornée transparente nous a paru presque totale-

1. Mr Prévot, perruquier, avait une opacité dans la prunelle et des larmes.

ment opaque. Cependant il voit sans pouvoir distinguer les objets.	
	Mr ORGELET
Le Sr Gigot a les yeux si beaux, qu'à peine s'apperçoit-on qu'ils ayent été opéré, il distingue parfaitement les objets même de loin, cependant lorsqu'il ne regarde qu'avec l'œil droit il voit double les petits objets seulement.	2. M. Gigot voyoit des deux yeux.
Claudine Michel voit très bien des deux yeux, qui sont parfaitement cicatrisés, elle en distingue tous les objets facilement, même la petite monnoye.	2. Claudine Michel voyoit des deux yeux. Près la Croix rouge porte Cérès.
La maréchale a l'œil opéré très beau, elle en voit de très loin, et elle distingue si bien les objets qu'elle peut même enfiler une aiguille à coudre lorsqu'il fait grand jour.	1. La maréchale voyoit au mieux de son œil.
Mr Briotel a la cornée transparente de l'œil operé tout à fait opaque.	1. M. Briotel prunelle opaque.
	Mr FILLION
Pasquière distingue fort bien les objets des deux yeux qui sont bien cicatrisés, cependant il reste à l'œil droit une espèce de taye à la partie inférieure de la cornée transparente.	2. Pasquière voyoit des deux yeux. Place Canart près le temple chez Melin peigneur son fils.

Hevrard est retourné dans son pays sans qu'on ayent scu l'état de ses yeux.

Lepage ne voit que pour se conduire même avec peine, selon le rapport de M. Fillion, chirurgien.

Mlle Noiron voit bien de son œil opéré, qui est en fort bon état.

Marie Bordène voit fort bien des deux yeux, qui sont en bon état, selon le rapport de Mr Museux.

Létonné a les yeux fort beaux et en voit très bien.

Nous soussignés, médecin et chirurgien demts à Reims, certifions que nous avons visité ensemble, à la prière de Mr Daviel, oculiste, les personnes de Reims à qui il a fait l'opération de la cataracte et que toutes les apostilles que nous avons faites à chaque personne de la liste qu'il a envoyé à M. Caqué sont véritables.

A Reims, ce 20 novembre 1751.

Signé Macquart, Museux, Méric et Caqué.

Envoyé le 26 novembre 1751.

2. Hevrard meunier voyoit des deux yeux. Je ne scay pas sa demeure.

2. Lepage voyoit des deux yeux. Il est de Cernay-les-Reims à une lieue de Reims.

Mr Dodet avoit

1. Mlle Noiron, elle voyoit fort bien.

Mr Museux avoit

2. Marie Bordène voyoit des deux yeux. de Neufchâtel, à Reims, au Bœuf couronné.

2. Létonné voyoit très bien des deux yeux. Rue du Pistolet, chés Mr Levasseur, vis à vis St Remy.

Je prie Monsieur Caquet de vouloir bien mettre à la marge le véritable état des malades, et de bien faire légaliser le tout pour le présenter à l'Académie de chirurgie, il obligera son très humble Sr.

Signé Daviel chirurgien.

VII

3me Lettre de Caqué

Lettre écrite à M. de Benomont le 29e novembre 1751 (1)

Il y a environ 3 semaines que j'ay reçeu une lettre de Mr Daviel par laquelle il me demande de lui envoyer des nouvelles precises de l'etat actuel de tous les malades qu'il a operé de la cataracte a Reims pour les presenter à votre Illustre Academie. Les personnes que j'ai priée de m'accompagner pour la visite des malades ont jugé avec moy qu'il etoit à propos de vous envoyer le double du Memoire que je lui ai fait tenir afin de ne laisser aucun doute sur sa vérité. Je joins à ce memoire 18 observations qui comprenne l'histoire de 33 cataractes que Mr Daviel à extrait dans le temps de son séjour à Reims. Je n'ay pu avoir l'histoire des 10 autres n'ayant eu aucune relation avec les malades.

Je vous prie M[r] de supplier très humblement de ma part l'Academie de pardonner si les observations ne sont pas aussi bien détaillés qu'elles devroient l'etre. Je me proposois de les diriger a mon aise, et de les rendre par conséquent plus intelligible, mais etant pressé par Mr Daviel de lui donner au plus tot des nouvelles, j'ai cru qu'il etoit a propos de joindre au memoire des observations plus circonstanciés que les reponses que nous faisons à l'auteur qui ne sont que des apostilles, et cela dans l'intention d'eclaircir davantage votre celebre academie des faits. Si elle souhaite dans la suite scavoir les succés de toutes ces operations je me ferai un devoir de me rendre à ses ordres et de lui en donner des nouvelles certaines. Je la supplie d'etre persuadé de mon zele pour les progrès de la Chirurgie. J'espère lui en donner des nouvelles preuves dans la suite, en ne laissant echaper aucun fait particulier que je jugeré digne de lui etre communiqué, c'est les sentimens aveclesquels j'ay l'honneur d'être...

(1) Brouillon d'une lettre de Caqué à Bénomont.

VIII

5me Lettre de Daviel à Caqué

a Paris Le 23e Xbre 1751.

Je vous rends mille graces Monsieur de la peine que vous avés pris au sujet du memoire que vous m'avés renvoyé concernant les operations de cataracte que j'ai fait dans votre ville, j'ai eté enchanté du bon etat de ces malades, et que celui qui a écrit de vottre ville contre moi a l'academie soit confondu, et qu'il soit reconnu pour un fourbe. Je n'ai jamais soubçonné Mr Museux, je suis persuadé qu'il est trop galant homme pour avoir donné dans un parreil travers, surtout, puisque je ne lui ai rien fait qui ait pu motivér sa haine, non plus que les autres, apprès tout. Tant pis pour celui qui a ecrit a Mr Chopillon contre moi, cette lettre n'a pas fait une grande impression sur L'esprit de Messrs de l'academie qui sçavent rendre justice a qui de droit. Ainsi Monsieur je suis tranquille, cependant je pardonne à L'autheur, et je le laisse a lui-même, pour le punir, car nous n'avons point de plus crüel remords que celui qui nous reproche d'avoir calomnié un honnête homme. Apprès tout il y a deja Longtemps, comme je vous l'ai dit que ma reputation est a L'abbri de la mechanceté, et j'ai La satisfaction d'etre deffendu par des grands hommes, puisque Mr de Garengeot a Lu depuis environ quinze ou vingt jours un memoire a L'academie de chirurgie concernant ma methode qu'il exalte beaucoup et ma cité comme autheur unique de cette methode. Cet habile chirurgien a fait une operation suivant ma methode sur un soldat de son regiment qui ma dit lui avoir fort bien réussi ; il n'en a pas eté de même du frere Côme qui a voulu La tentér, mais il y a fort mal reussi, car il s'y est fort mal pris, voicy sa façon ingenieuse et ridicule.

1o Ce moine a fendu La cornée transparente precisément sur le milieu de l'œil meme d'un angle a l'autre, et par consequent a traversé la prunelle. L'operation a fort mal reussi, et le malade a L'œil merlan et atrophié, n'en voit rien du tout, et pour le malheur de ce moine il a fait cette operation sur un marchand de bois du faux bourg St Antoine nommé Mr Sifflet que j'avois operé d'un œil, qui est le droit le seul dont ce malade voit. Le frère Come na pas mieux reussi dans deux autres operations qu'il a fait de la même manière, et selon sa methode, qui est des plus pernicieuses. Mr de Vermale a nommé ma methode L'operation davielique, et j'ai nommé celle du frere Come L'operation comique, il est vrai quelle est drole, et qu'il faut etre moine pour Lavoir imaginée.

Je vous demande mille pardon Monsieur si j'ai tant tardé a vous ecrire, mais comme j'ai presque toujours eté occupé auprès du roi et que j'ai eté accablé de malades depuis mon arrivée, c'est pourquoy je n'ai presque pas eu le temps de me retournér, ny de vous ecrire pour vous remerciér.

Je n'ai pas encore eu Le temps non plus d'allér a Lacadémie ou je suis cependant fort attendu pour y faire une operation suivant ma methode, dont je ne manquerai pas de vous rendre compte.

Donnés moi des nouvelles des malades qui avoient encore quelqu'inflammation, comme Mr Diancour, Lépitre, de Mr de Grandvalet, Prenot, Briotel, Hevrard, quoi que je ne doutte nulement que ces malades n'aillent bien dans la suitte, je suis faché de vous donnér tant de peine, mais comme vous m'avés si genereusement offert vos bons offices j'en profite.

Le roi m'a fait l'honneur de me parlér il y a une douzaine de jours de ma nouvelle façon dextraire la cataracte, S. Me en fit Léloge presence de plusrs Seignrs de la cour a La Meute, maison de plaisance dans le bois de Bologne S. Me voulut voir les cristallain que j'avais tirés des yeux, et comme Sa Me etoit la pour chassér Le dain elle me fit ouvrir a Sa presence une dine femelle et sortir La matrice dont Je tiray le petit fœtus qui avoit deux mois, dont jus Lhonneur de faire la demonstration au roy avec applaudissement.

Vos instruments seroient deja faite Monsieur si Le couteliér qui les a commencés n'avoit eté fort malade, ayant rechuté deux fois, ainsi natribüés pas ce retard je vous prie a ma negligence, il m'a promis de les finir apprès les fétes, disposés de moy je vous prie Lorsque je vous serai bon a quelque chose, et soyés persuadé que je serais toujours charmé de vous prouvér dans touttes les occasions que je suis très sincerement

Monsieur

Vottre très humble et très obbéissant servitteur

DAVIEL chir. du roy

Mes respects je vous prie a Mde vottre epouse, a M. le medecin Josnet et mille compliments a tous vos Messrs de meme qu'a tous mes malades, J'écris par ce couriér a Melle Masson et je remettray au 1er couriér qui partira de la pomade et de l'eau blanche.

Je vous souhaite une heureuse année, mon fils et mon eleve en font de même et a mad^e vottre epouse.

IX

6me Lettre de Daviel à Caqué

a Paris Le 2e mai 1752.

J'ai differé jusqu'au jourd'hui a vous ecrire Monsieur pour vous apprendre tout ce qui s'est passé sur mon compte depuis la reception de vottre dernière lettre, mais peut etre que Mr de Benomont vous en aura dejà instruit.

J'ay eu occasion de faire plusrs operations a la presence de ce celebre chirurgien, qui vous estime infiniment, Messrs Le Dran, Morand, Garrengeot, La Fayë, et une grande ptie des plus celebres de notre academie m'ont vu opérer, aussi j'ose le dire avec bien de La satisfaction, ils m'ont engagé de donnér un memoire sur ma nouvelle methode de guerir la cataracte. J'ai suivi le conseil de ces Messrs dont je me suis fort bien trouvé, j'ai lu ce memoire Le 13e du mois passé a La sçeance publique ce qui ma fait un honneur infini, j'ai prouvé evidament que ma methode l'emportoit sur touttes les autres methodes de guerir la cataracte, et j'ay eu le plaisir de voir ma methode adoptée generalement de toutte l'academie mais d'une manière si satisfaisante pour moi que j'ai lieu d'en etre fort content.

On a soutenu une these Le 14e du mois passé sur Lextraction de la cataracte a l'Ecole de medecine, cette these a pour titre, *An in Cataractâ potior lentis cristallinæ extractio per incisionem in cornea, quam depressio per acum. Ergo in cataractà potior lentis cristallinæ extractio per incisionem in corneà, quam depressio per acum.*

Le bacheliér qui a soutenu cette these se nomme Mr Thurant, il a cité en preuve les operations que j'avois faites, sur tout celles de Rheims, vous voyés Monsieur que la medecine a egalement adopté cette methode, qui fait un grand bruit a Paris, et même dans le pays étrangér, tous mes succés ont considerablement augmenté, puisque je n'ai plus aujourd'huy aucune inflammation apprés mon operation, et mes malades ne passent gueres plus de quinze jours pour la guerison radicale, je compte même l'abbregér encore.

Le Sr Palluchi oculiste italien qui a resté quelque temps a Paris, doit passér incessamment dans vottre ville, c'est un espèce d'homme qui a cru d'en imposér a L'academie de chirurgie par une aiguille qu'il avoit cru en etat de produire des miracles dans l'operation de la cataracte, mais cet oculiste (dont le genie est très borné et qui na pour tout meritte que de l'arrogance) s'est bien trompé, ses succés ont été bién peu de chose, il a enfanté une brochure dans laquelle il a voulu donnér une nouvelle methode de guerir la cataracte, mais le pauvre garçon auroit beaucoup mieux fait de ne pas ecrire, car son livre a eté siflé par tout le monde, et son aiguille a subi le sort de touttes les autres, elle a eté ensevelie par la lecture de mon memoire, car on ne parle plus aujourd'huy a Paris d'abbattre la cataracte, mais d'en faire L'extraction, Mr de Garrengeot que vous connaissés ladémontréepubliquement le 25e de ce mois dans l'amphiteatre de Lecole de St Côme. Cet habile chirurgien en a fait voir et connoitre la certitude, en un mot j'ose vous assurér que jamais decouverte na fait plus de bruit que la mienne. Mr de Benomont a vu presque touttes lesoperationsque j'ai faites a Paris depuismon retour, avant-hier mattin il m'en a encore vu faire une fort belle qui va fort bien et sans le moindre accident.

Comme je ne doutte pas que le Sr Palluchi ne s'informe des malades que j'ai traités a Rheims, au cas qu'il tombat sous vos mains prenés garde de lui confiér des malades, car peut être vous n'auriés pas absolument lieu de vous en loüér, il a le don de se repandre en promesses vaines, et inutiles, il n'a presque pas fait une operation a Paris qu'il n'ait été obligé de rabaisser la cataracte jusqu'a deux, et trois fois, et fort souvent sans aucun fruit, a L'entendre on le prendrait pour un grand homme, quoiqu'il ne soit rién moins, si vous aviés occasion de lire son livre il est pitoyable.

J'ai joint icy un ode qu'une personne de consideration a fait a mon sujet, en reconnoissance d'un œil que je lui ai sauvé, c'est M. le chev[r] de Forbin, neveu de feu Mgr le cardinal Janson, cet ode a eté fort gouté par les scavants faites la voir a vos amis.

Donnés moi des nouvelles de mes malades a Rheims et des vottres et me croyés avéc autant d'estime que d'attachement

Monsieur
Vottre très humble et très obbeissant serviteur

DAVIEL chir. du roi.

Mes respects à Mme vottre epouse et mille compliments a tous vos Messrs.

X

7me Lettre de Daviel à Caqué

a Paris le 26e mai 1752

J'ai receu vottre lettre avéc bién du plaisir Monsieur en datte du 19e du courant, et je vous remercie infiniment des nouvelles que vous m'avés données touchant le passage du sr Palluchi à Rheims, vous m'avés fait plaisir de lui faire voir les malades que j'ai operés dans vottre ville. Cet oculiste est dur, et malgré l'evidence des faits, je doutte qu'il se rende a la verité, cet homme est entêté d'une mauvoise methode qu'il croit avoir imaginée, ce qui sera la cause qu'il operera toujours mal, et les malades en seront la duppe. Le sr Palluchi s'étoit persuadé qu'il avoit fait la plus belle chose du monde en mettant un livre au jour, et encore un livre qui ne vaut absolument rien, ce n'est pas moi qui l'ai condâné c'est le public, vous en jugerés aisément lorsque vous l'aurés lu, quoique ce n'est pas lui qui a fait ce livre, cependant il est sur son nom, c'est un enfant adoptif, il auroit beaucoup mieux fait de ne le pas faire parroître ; ce livre parle fort mal de ma methode, mais j'ai l'agréement que le sr Palluchi ait été forcé davouër qu'elle vaut mieux que la sienne, il est bien humiliant d'etre obbligé de Louër une chose qu'on avoit souverainement meprisée, il est vray qu'il est assés ordinaire aux ignorants de Loüér, ou de condânér les choses sans les connoître.

J'ai vu la lettre de M. Jônet addressée a Mr Falconnet, au sujet des malades que j'ai operés à Rheims pour la cataracte, il me parroit que ce docteur a sui mes malades avec exactitude, mais je vous prie de lui dire qu'il s'est fort trompé dans un article bien essentiel, que voicy mot pour mot. Article 5. Mr Jonet dit : « Le sr Daviel en operant une vielle fille, a » coupé exprès l'iris, parce que le cristallin y etoit adhérant, » et qu'il ne pouvoit en faire l'extraction, sans cette incision. » L'œil a paru gueri, et la malade en a vû plus de 13 jours,

» mais s'étant montrée au grand jour, et a trop de personnes
» les yeux se sont fatigués et enflâmés ; et celui dont l'iris
» avoit été coupée est perdu par L'opacité de la cornée, l'autre
» s'est mieux deffendu et elle en voit. »

La vielle fille dont parle Mr Jonet est sans doute Marie Bazin que j'ai uperée le 4e octobre derniér — Cette malade étoit âgée de 72 ans et avoit la cataracte depuis 9 ans, ces cataractes étoient fort adherantes à la cavité, mais la prunelle ne fut aucunement dechirée, ny coupée dans l'operation, il est vrai que j'us de la peine a faire sortir le cristallin, la malade vit fort bién apprès l'operation, vous avés marqué dans vottre rapport du 26e 9bre passé que la cornée de l'œil gauche etoit opaque, et quelle voyoit du droit.

Melle Gerande Noiron sœur d'un de vos maîtres, est precisément la malade dont l'iris s'etoit dechirée que Mr Jôsnet a cofondüe avéc Marie Bazin. Vous pourrez voir Melle Noiron, qui est guerie, ce que vous avés aussi marqué par vottre rapport du 26e 9bre de plus je n'ai operé Mdlle Noiron que d'un œil.

Qu'ant au peu de preparation que j'ai fait a mes malades ce na pas eté ma faute, je l'ai fait lorsque les malades l'ont voulu, je les y ai toujours portés mais je vous dirai franchement que selon moi La preparation m'a paru peu necessaire dans l'operation de la cataracte, car j'ai souvent preparé longtemps des malades qui n'ont pas mieux reussi que ceux qui ne l'avoient pas été, vous l'avés vu dans un le chanoine Bonvalet preparé, et dans bién d'autres qui n'avoient pas été preparés.

Je vous prie de dire a Mr Jonet qu'il me fasse le plaisir d'examinér Mlle Noiron, et Marie Bazin affin que je ne sois pas lesé dans le rapport qu'il a fait a Mr Falconnet, je serois bien aise que La Lettre de Mr Jônet fut inserée dans le Mercure je vous prie de Lui en demandér la permission, l'assertion d'un aussi grand homme que Mr Jônet rassureroit infiniment Le public, surtout ceux qui pourroient encore etre anti extractistes de cataracte, je compte que vous voudrés bién permettre que je fasse inserér vottre lettre dans le Mercure de Juillet.

Si Mr Josnet me permet je joindrai la sienne, et celle du sr

Palluchi, dans une lettre raisonnée que je dois ecrire incessament à Mr de Vermale a Manheim, pour lui rendre compte de mes succès dans ma nouvelle methode ; tachés je vous prie Monsieur d'obtenir de Mr Jônet ce que je vous demande, mais au plutot, car la chose presse. je prie Mr Jonet de changér l'article que je vous ai marqué au sujet de la section de liris, puisque cela n'est pas vray, et que je ne l'ai coupée a personne, qu'a Mdlle Noiron, qu'elle sest dechirée en operant mais que la malade voit.

Je n'ai rién obmis, ny admis dans mon operation ni dans le traitement de mes malades qui est toujours le même que vous avés vu, il est vrai que je n'ai plus d'inflammation, ny de staphilomes, et je ne me sers d'autre chose que d'eau tiède pour essuyér les yeux apprès que l'œil est ouvert et le bandeau mis, il faut observér seulement de ne pas beaucoup exposér les malades au grand air.

Je vous fais mon compliment Monsieur sur vottre nomination a L'academie royale de chirurgie en qualité de correspondant. Vous avés été nommé à la scéance de hier ou j'étois présent et je compte que vous en recevrés incessament les lettres, on en a nommé cinq en tout, nen dites rien cependant, jusqu'à ce que Mr de Benomont vous l'apprenne, et ne dites pas que c'est moi qui vous la marqué

J'attends incessament votre reponse Monsieur
et j'ai L'honneur d'etre
Vottre très humble
et très obbeissant
servitteur DAVIEL chir
— oculiste du Roi

mes respects je vous
prie a Mde vottre
epouse et a MMrs
Jonet pere et fils

Mille compliments a tous vos Messrs et à mes malades.

Reçu le 28e may et répondu le 2e Juin (1)

(1) De la main de Caqué.

XI

4me Lettre de Caqué

Réponse du 2e Juin 1752

J'ai fait part de votre lettre à M. Josnet qui m'a promis de vous écrire aujourd'huy, il m'a paru très disposé à vous laisser faire tel usage qu'il vous plaira de sa lettre adressé à M. Falconnet ; quant au 5e arti. de cette lettre qui dit que vous avez divisé liris à l'œil gauche d'une vieille fille, Mr Josnet ne l'a ecrit que sur le rapport que Mr son fils et moi lui en ont fait, qui ont été temoins oculaires de cette operation ainsi qu'un Docteur de cette faculté. Il y a apparence que vous avez obmis cette circonstance dans l'observation de Marie Bazin, circonstance qui a d'autant plus attiré mon attention que je n'ai cessé dy réfléchir chaque fois que j'ai pansée ou examinée les yeux de la malade. Ne pensez pas que j'ai regardé cette section de l'iris comme imprudente et temeraire, la difficulté que j'ai vu et peut etre l'impossibilité qu'il y avoit d'extraire ce cristallin sans cette incision, la facilité avec laquelle la cataracte est sortie aprés la division de liris et la reussite ce cette operation qui auroit sans doute continuée sans l'imprudence de la malade qui à vu aussi bien de cet œil que de l'autre pendant plus de 15 jours, toutes ces choses dis-je m'ont fait regardé cette incision comme un coup de grand Maitre, et je vous avoüe qu'aprés avoir conduit cet œil comme j'ai fait après loperation et en avoir vue les suites, que je ne me ferais aucun scrupule en pareil cas, de suivre votre exemple. Si vous souhaité voir ou faire voir les suites de cette opération elles sont plus au long dans la 6me (1) observation que j'ai envoyé à Mr de Benomont au sujet de vos cataractes, qui se fera sans doute un plaisir de vous les preter. Quant à la lettre que j'ai eu l'honneur de vous écrire au sujet du passage de Mr Palluchy à Reims, je ne vois rien qui puisse en empecher l'impression que le peu d'arrangement qui sy rencontre mais que jespère que vous redigerez. Ainsy faites en usage je vous prie je serez charmé qu'elle puisse vous etre utile.

J'ai l'honneur...

(1) En réalité dans la 15me. (D.).

B

NOTES DIVERSES

État du dossier Daviel-Caqué

La partie ophtalmologique des manuscrits de Caqué conservés au Fonds Maldan (Bibliothèque municipale de Reims) se compose de 4 cahiers portant les n[os] d'ordre suivants :

N°s 11 (31 folios) ;
12 (17 f[os] paginés 1-34, les 3 premiers blancs) ;
13 (14 f[os], les f°s 5 à 7 blancs) ;
14 (46 f[os]).

Le cahier 11 a pour titre : *Observations sur la cataracte (35 obs.)*.

Il y est question de 35 aveugles opérés de la cataracte, entre le 3 octobre 1752 et le 2 juin 1767. La plupart des malades, dont l'observation complète est au dossier, ont été opérés de la main de Caqué par la méthode de Daviel, sauf une dizaine d'opérations par abaissement (dont 8 exécutées sous les yeux de Caqué par l'oculiste anglais Taylor, de passage à Reims), et 3 extractions pratiquées par M. Museux.

Le cahier 12, intitulé : *Cataractes de 1768, deux[e] cayer* (*sic*), contient les observations de 10 aveugles opérés par Caqué, au cours du printemps de 1768, dont 2 suivant la méthode et avec les instruments de M. Pellier (?) (*speculum oculi, kératotome et kistitome*), et les autres selon la méthode de Daviel, à laquelle Caqué revint bien vite. Notre auteur (p. 11) reproche au kératotome de Pellier de *tirailler* et de *couper mal* (1).

(1) Caqué dit, p. 7 : « La promptitude avec laquelle j'avais vu faire à M. Pellier la coupe de la cornée transparente m'avait beaucoup plu. J'aurais souhaité pouvoir exécuter sa méthode. Pour y parvenir, j'avais fait pratiquer ses instruments (*sic*) et je m'étais exercé sur plus de 20 cadavres et presque toujours d'une manière assez satisfaisante pour oser hasarder de pratiquer cette opération sur le vivant. »

Le cahier 13 se compose :

1° D'un tableau synoptique intitulé : *Récapitulation des cataractes opérées par M. Caqué Me en chirurgie ;*

2° D'une série de courts articles sur l'*œgilops*, l'*anchylops*, l'*albugo*, *l'extraction du crystallin* (*sic*). Ce dernier mémoire définit la cataracte, décrit, sans détails, les opérations par abaissement et par la méthode de Daviel, et relève les mérites de cette dernière, non sans cependant signaler la proposition toute théorique faite par Méry, en 1707, d'extraire les cataractes par une ouverture faite à la cornée. Cette note manuscrite de Caqué n'a que 3 fos. Elle n'est que l'analyse très sommaire des mémoires publiés par l'Académie de chirurgie vers la même époque et sur la même question, mémoires auxquels Caqué renvoie son lecteur ;

3° D'une annonce imprimée, conservée par Caqué, et d'où il appert que *Le Chevalier de Taylor* (*sic*) *oculiste* PAR PATENTE *Pontifical, Impérial et Royal, etc., etc.... vient d'arriver ici en passant* ;

4° D'une lettre manuscrite, non signée, du dit Taylor à M. Caquet (*sic*), chirurgien à Rheims, et ainsi conçue :

Monsieur,

Le chevalier mentionné dans l'incluse vous fait ses compliments et venant d'arriver en chemin pour Paris, attend ce matin le moment le plus favorable pour vous faire la reverence ce proposant ce soir de continuer son chemin.
Ce samedi 19 mars 1765
Logé à la maison rouge.

5° D'un second factum-réclame imprimé sur une seule feuille et célébrant en style de charlatan cet étrange personnage de Taylor ;

6° Enfin, de quelques lignes de Caqué signalant, sans commentaire, 3 extractions de cataracte opérées sans succès par M. Museux.

Le cahier 14 du dossier, le plus important pour nous, contient :

1° Un exemplaire imprimé de l'ode à Daviel, petit in-4° sur 4 f^os ayant pour titre, en première page :

ODE
A M. DAVIEL
CHIRURGIEN OCULISTE
DU ROI

A PARIS
Chez DELAGUETTE, Imprimeur de l'Académie royale de chirurgie, *rue St-Jacques, à l'Olivier*
M. DCC. LII

et où se lit, en dernière page :

Lu et approuvé ce 11 avril 1752. CRÉBILLON.

Vu l'approbation ; permis d'imprimer à la charge d'enregistrement à la chambre syndicale, ce 12 avril 1752. BERRYER.

Régistré sur le Livre de la Communauté des Libraires et Imprimeurs de Paris, N° 3495 conformément aux Règlements et notamment à l'Arrêt du Conseil du 10 Juillet 1745. A Paris, le 15 avril 1752. J. B. COIGNARD Syndic.

2° Une lettre originale de J. Daviel à Caqué, (1re de nos lettres), commençant ainsi :

a fontaine bleau 15 8bre 1751.

Je suis arrivé Jeudi passé 8e du courant... etc., etc., et finissant par ces mots : *Mon adresse... etc..... à la cour*.

3° Un post-scriptum, sur feuille libre, commençant par : *Je prie Monsieur Caquet* etc. etc...., et finissant ainsi : *Chez M. Le Vasseur, entre deux ponts.*

4° Un brouillon de lettre de Caqué, commençant ainsi :

Réponse faite à M. Daviel le 24 oct. 1751 à sa lettre du 15 du même mois... et finissant par : *et encore plus parcequ'elle me fournit l'occasion de vous renouveler les assurances du respect avec lequel j'ai l'honneur d'être....*

5° Une lettre originale de J. Javiel à Caqué (2e des lettres) commençant par :

a fontaine bleau le 26 8bre 1751.

Les protestations d'amitié etc. etc.... et finissant par : *Je n'en seray pas moins, Monsieur, vottre....*;

En tête de cette lettre, Caqué a écrit : *Reçu le 30e et répondu le même Jour.* Elle porte, à la 4e page, une belle empreinte sur cire rouge du cachet de Daviel, que Caqué a pris soin de ménager et dont nous donnons la reproduction. On y voit aussi la suscription, timbrée de Fontainebleau, à l'encre grasse du bureau de poste, avec ces mots :

Monsieur Caquet (*sic*)
Me chirurgien juré et chirurgien-major de l'Hôtel-Dieu
à Reims
En Champagne.

Très recommandée
à Mr le Contrôleur de la Poste
de la part de son servitteur *Daviel chirurgien.*

6° Une lettre originale de J. Daviel à Caqué (3e), du 28 octobre 1751, commençant ainsi : *J'ai reçu avec un plaisir infini....* et finissant par.... *et mille compliments à tous vos Messieurs.*

(Timbre postal de Fontainebleau — cachet rouge et adresse manuscrite à la 4e page) ;

7° Une lettre originale de J. Daviel à Caqué (4e), sans date, faisant suite aux précédentes, écrite à Fontainebleau, commençant par : *Je n'aurois jamais cru....* etc. et finissant ainsi..... *le 17e de ce mois que le roy partira de fontaine bleau.*

8° Comme annexe à la lettre précédente, un état relatif aux opérations de Reims, écrit de la main de Daviel et portant sa signature, et qui, commençant par les mots : *Liste exacte des 43 extractions de cataractes que j'ai fait à Reims* et qui *voyoient à mon départ* ; finit par ceux-ci : *Je prie Monsieur Caquet......* etc.

Signé : DAVIEL
Chirurgien.

9° Un brouillon de lettre de Caqué commençant par ces mots: *Répondu à M. Daviel le 26 novembre 1751, avec les mémoires et les réponses de ses malades....* et finissant ainsi : *Vous pourrez les remettre à M. Benomont qui vous rendra vos déboursés.*

10° Un manuscrit sur feuille double intitulé : *Copie du Mémoire envoyé par M. Daviel au Sr Caqué chirurgien à Reims, avec les réponses que le dit Sr Daviel demande sur son Mémoire.*

Cet écrit finit par ces mots : *Nous soussignés Médecins et Chirurgiens,* etc.... *Signé Macquart, Museux, Méric et Caqué. Envoyé le 26 novembre 1751.*

11° Le brouillon, sur une seule page, d'une lettre écrite par Caqué à M. Benomont le 9 novembre 1751, commençant par : *Il y a environ 3 semaines....* et finissant ainsi : *C'est les sentiments avec lesquels j'ai l'honneur d'être....*

12° Une lettre originale de J. Daviel à Caqué (5^r), lettre écrite de Paris, datée du 23 décembre 1751, commençant par les mots: *Je vous rends mille grâces, monsieur,.....* 6 pages finissant par : *Je vous souhaite une heureuse année, mon fils et mon élève en font de même et à Mad^e vottre épouse.*

13° Une lettre originale de J. Daviel à Caqué (6e), datée de Paris, 2 mai 1752, (5 pages), commençant ainsi : *J'ai différé jusqu'aujourd'hui...* et finissant par les mots : *Mes respects à Mme vottre épouse et mille compliments à tous vos Messrs.*

14° Une lettre originale de Daviel à Caqué (7e), datée de Paris, du 26 mai 1752, 7 pages commençant par : *J'ai reçeu votre lettre avec bien du plaisir.....* et finissant par : *Mille compliments à tous vos messieurs et à mes malades.*

Et plus bas, de la main de Caqué,

Reçu le 28 may et répondu le 2 juin.

15° Le brouillon de la réponse de Caqué à la lettre précédente (deux feuilles de très petit format), commençant par les mots : *J'ai fait part de votre lettre à M. Josnet...*, et finissant par ceux-ci : *Charmé qu'elle puisse vous être utile.* (2 juin 1752).

16° Copie d'un mémoire de Caqué, à la date de février 1753, intitulé : *Mémoire sur les cataractes de M. Daviel* : 2 pages 1/2 commençant par les mots : *François Jaloux voit toujours...*, et finissant ainsi : *La copie de ce mémoire m'a été demandée par le Comité de l'académie royale de chirurgie, et je lui ay envoyé* (sic) *vers le mois de février ou mars 1753. Caqué.* (1)

17° Le manuscrit d'un travail de Caqué ayant pour titre : *Observations sur l'opération de la cataracte.* Il commence par ces mots : *Gérard Diancourt de la paroisse d'Herpy* et finit ainsi : *Les observations ont été envoyées à l'Académie royale de chirurgie de Paris, par moi, vers la fin de l'année 1751.*

Cette copie d'une main étrangère, sauf ce qui précède, est signé : Caqué.

18° Le brouillon d'un mémoire de la main de Caqué, intitulé : *Opération de la cataracte de M. Daviel.* Il a 8 pages, commence par les mots : *Monsieur Daviel chirurgien ord*re etc., et finit ainsi : *Ce que M. Daviel conseille sur l'écrit qu'il m'a laissé à son départ.* (Sans signature).

(1) Copie du mémoire publié par le Dr Dureau, bibliothécaire de l'Académie de médecine (*Gazette médicale de Paris*, 4 janvier 1890); c'est, pensons-nous, le complément du document suivant, envoyé à l'Académie 2 ans plus tôt.

19° Une consultation manuscrite dictée par Daviel, le 4 octobre 1751, signée par lui et portant, de sa main, quelques noms de malades en tête de la première page (*Plageot, Diancourt, Du Chêne, Lépitre, Gaillot et Haynaud*), 2 f^{os} commençant par les mots : *Les malades cy dessus......* et finissant ainsi : *Délibéré à Rheims le 4 octobre 1751. Daviel*, etc., etc. (Appendice, XIII).

XIII

Consultation laissée par Daviel, à son départ pour Paris (1)

Plageot, Diancourt, Duchêne, Lepitre, Gaillot et Haynaud (2)

Les malades sy dessus nommés executeront ce qui suit au sujet des ses yeux.

On continuera de Les pancer soir et matin de La même maniere que nous L'avons fait et tremper les compresses dans de La bonne eau de vie chaude et pardessus Le bandage a Lordinaire ce qui sera continué pendant dix jours, essuyant doucement Les bords des paupieres avec une petitte eponge trampée dans de L'eau tiede affin denlever les larmes visqueuses qui pourroient setre attachées aux paupieres et aux cils, de meme que de La matiere.

Sy le malade ne ressent aucune doulleur pendant les dix jours on Lui otera ces compresses et on ne lessera sur les yeux que le bandeau blanc bien sur Les yeux. pour lors Le malade commencera a Les ouvrir peu a peu affin d'accoutumer lair, et on pourra ensuitte metre Le bandeau noir que Le malade portera pandant tout le temps que ses yeux seront un peu rouges et Larmoyants Le malade se beignera tous Les jours avec L'eau suivante.

On metra dans Le petit beignoir que nous avons donné ou dans une cuillere trois ou quatre gouttes de L'eau de la bouteille verte et on remplira Le beignoir deau chaude quon portera a Lœil affin de Le bien beigner, et on l'essuyera ensuitte avec une petitte eponge trempée dans leau tiede comme nous avons deja fait Les bords des paupiéres.

Le malade evitera autant quil pourra de sexposer a Lair affin de ne pas faire plurer ses yeux et de Les iriter mais sy apprès notre depart on sapercevoit que Les yeux vinssent a sechaufer, quil coulat beaucoup de Larmes avec doulleur de tete sur Les orbites et dans Les yeux avec des battements aux

(1) Manuscrit de quatre pages petit in-4°.

(2) De la main de Daviel. (D.)

orreilles et aux tempos, douleurs aux dents de La machoire superieure, une mauvaise bouche, et des envies de vomir, pouɹ lors on feroit autant de seignees de bras quil seroit necessaire au pied, et au col, mais du cotte oppossé a La doulleur, on auroit soin de donnér des Lavements soir et matin au malade de L'eau tiede seulement, on les purgeroit de quatre en quatre jours, on Leur feroit observer une diette exacte ne prenant que du bouïllon et de la tisanne, et on feroit les fomentations suivantes bien chaudement

Prenes feüilles de mauves, de guimauves, boüillon blanc, de chacun une poignée, fleurs de camomile, melilot, romarin, Lavande, marjolenne, fleurs de roses rouges, tin, origon, de chacun une poignée et trois tetes de pavot blanc, on metra boüillir Le tout dans une suffisente quantité d'eau de fontaine ou de riviere et Lorsque Les dittes herbes auront boüilly suffisamment ou y jetera dedans, cet a dire dans un pot et demy de decoction reduit a un pot, on y jetera dedans deux dragmes et demy de camphre dissout dans deux verres desprit de vin quon versera dans le coquemart en Le retirant du feu qu'on fermera, et Lorsque La decoction sera refroidie, on La passera par un Linge double bien propre, et on metra La ditte decoction dans une bouteille bien bouchée ; et on sen servira pour fomenter Les yeux le plus chaudement quil sera possible pandant une demy heure ou trois quart d'heures de temps chaque fois, apprès Lequel temps on metra une compresse blanche en quatre doubles quon atachera au bonet et par dessus le bandeau pour La contenir seulement.

On fera atantion aussi que les paupieres inferieures ne se renversent pas dans L'œil crainte qu'elles ne puissent irriter la cornée transparente et en ce cas on auroit soin de Recomander au malade de tirer la Paupiere inferieure en bas avec ses doits et de ne plus mettre des compresses sur son œil, que Le simple bandeau blanc, mais sy son œil etoient blanc, on se serviroient du bandeau noir.

Le Regime de vie que Le malade doit tenir sera fort adoucissant et humectant, des Potages aux herbes, et du Roty sans Ragouts, Peu de vin ou même Point du tout, il evitera Le grand air, Le serein, et La poussière, Le feu et La chandelle, et Le Pleurer, ny de se frotter les yeux Pour ne pas les irriter.

6

Tout ce que nous Recomandons au malade cest de se baigner les yeux soir et mattin avec un melange d'une cuillerée de bon Esprit de vin, dans deux cuilleres d'eau de fontaine, et que Le tout soit chaud sans se brulér, et Lorsqu'on aura baigné les yeux, on les essuyera comme nous luy avons deja fait.

Le malade Prendra un Lavement tous les jours, et se purgera de huit en huit jours, avec trois onces et demies de manne de Calabre et deux dragmes de sel de seignete, fondües dans un bouillon de chicorée amere, que le malade Prendra le matin à jun et deux heures après un bouillon, et de tems en tems quelques tasses de thé, Pour aider laction de La medecine, on boira Le the sans sucre et sans syrop.

Lorsque les yeux du malade seront blanc, et quil voudra sortir, il aura une grande attention, que ce soit Par un beau tems, évittant Le trop grand air, comme Pernicieux et capable de Produire une inflammation qui seroit en etat de Porter un grand Prejudice au malade.

La Presente consultation sera dirigée par des personnes de l'art qui pourront augmenter ou diminüer les susdits Remedes, suivant l'effet qu'ils Pourroient Produire.

Tous Les remedes cy dessus Etant acheves, Le malade se frotera les bords des Paupieres avec deux goutes de la Liqueur de la Petite bouteille, que nous luy avons donnée, il mettra cette Liqueur dans la Paume de sa main et y mouillera le bout du doigt, et sen frotera Les bords de ses Paupieres férmées, et il ne les Rouvrira, qu'un moment apprés, et cà seulement Le soir en se couchant, et continuera tant que durera la bouteille.

Le malade Prendra les Purgatifs cy dessus mentionnés Pendant deux mois de suitte, sans discontinuer.

Delibéré à Rheims le 4e 8bre 1751.

DAVIEL
— chirurgien
— ordinaire oculiste
— du roy, et de S. A.
— S. Mgr lelecteur
— palattin (1)

(1) Cette consultation a été dictée.
L'écriture, l'orthographe, la ponctuation, le style, quand on y regarde de près, y dénoncent la main de deux personnes, sans compter Daviel, dont l'écriture originale est parfaitement reconnaissable à la suscription et à la signature.

XIV

Souscription pour l'érection en France d'un Monument à la mémoire de Jacques Daviel

(*Note communiquée par M. Alfred Daviel, Avoué près la Cour de Rouen, à la date du 8 décembre 1889.*)

Dès que le projet de souscription pour un monument en Suisse, sur l'initiative du Dr Haltenhoff, fut connu en France, divers journaux s'occupèrent de Daviel et de sa découverte.

Le 13 mars 1885, sur l'initiative du Dr Gauran, le conseil municipal de Rouen décida de donner le nom de Jacques Daviel à l'une des rues de cette ville.

Le 20 avril 1885, paraissait dans *Le Nouvelliste de Rouen* une biographie de J. Daviel.

Au mois de mai suivant, MM. Panas et Galézowski proclamaient au Congrès de chirurgie, à Paris, la supériorité de la méthode de Daviel sur le procédé de de Græfe, qui n'en était d'ailleurs qu'un dérivé.

Tout cela éveilla l'attention de plusieurs personnes habitant la ville de Bernay (chef-lieu de l'arrondissement dans lequel se trouve La Barre, lieu de naissance de Daviel), membres d'une Société locale dite : *la section de Berney de la Société libre de l'Eure.* Il leur vint la pensée de faire nommer par leur Société une commission chargée de former un Comité de souscription pour l'érection, à La Barre, d'un monument en l'honneur de J. Daviel. A cet effet, ils prièrent M. le Dr Gauran de prononcer, à l'une des réunions de cette Société, l'éloge de l'inventeur de l'opération de la cataracte par extraction.

M. le Dr Gauran accepta et prononça cet éloge dans une réunion de la Société libre de l'Eure (section de Bernay), le 22 novembre 1885. Dans cette réunion, et à la suite de la communication de M. Gauran, fut nommée une commission ayant pour mandat de faire les démarches nécessaires auprès des sommités médicales de Paris pour organiser un Comité de souscription à l'effet d'ériger à La Barre un monument commémoratif. La commission, composée de MM. le Dr *Gauran, Alfred Daviel*, avoué à la Cour de Rouen, *Boullanger*, maire de La Barre, et *Lerenard-Lavallée*, secrétaire de la section de Bernay de la Société libre de l'Eure, s'adressa à M. le professeur Panas, professeur d'ophtalmologie à la Faculté de Paris, qui accepta de présider le Comité. Il obtint le concours de plusieurs de ses confrères de Paris, Bordeaux, Lyon, Bruxelles et Genève, lesquels voulurent bien composer, avec les membres de la commission nommée par la Société libre de l'Eure (section de Bernay), le comité de souscription. M. le Professeur Panas avait mis pour condition à son acquiescement que le choix de la ville appartiendrait au Comité.

Dans sa réunion du 22 décembre 1888, le Comité décida que le monument serait élevé à Bernay; mais tout en prenant cette décision, il exprima le désir que le résultat de la souscription permit de commander aux artistes chargés du monument un ouvrage de sculpture destiné à La Barre. Ce désir va se trouver réalisé. En effet, le Comité a traité à forfait avec deux artistes rouennais qui se sont engagés à exécuter pour la ville de Bernay une statue et son piédestal, et pour La Barre un buste avec socle, moyennant une somme que le maire de La Barre, M. Boullanger, a recueillie indépendamment des souscriptions reçues par le Comité. Les deux artistes rouennais sont MM. Alphonse Guilloux, statuaire, et Adeline, architecte.

Dans la séance du 22 décembre 1888, le Comité a nommé une commission d'exécution composée de MM. le Profr Panas, Drs Brun et Horteloup, Puel, maire de Bernay, et Lerenard-Lavallée, commission qui vient tout récemment d'accepter la maquette présentée par les artistes.

La statue sera exposée au Salon de 1890 et inaugurée à Bernay au mois d'août de la même année (1).

(1) Contrairement aux prévisions du Comité, par suite de retards dans l'exécution, la statue n'a été ni exposée au Salon ni inaugurée. Le modèle, après avoir été examiné par un inspecteur des Beaux-Arts sur le rapport duquel M. le Ministre de l'Instruction publique et des Beaux-Arts a alloué au Comité une subvention de 1,800 fr., vient d'être remis pour la fonte à la maison Thiébaut, de Paris. L'inauguration aura lieu dans le courant du mois de mai 1891. (*Note de M. Alfred Daviel, 25 septembre 1890*).

Comité pour l'érection en France d'un Monument à la mémoire de Jacques Daviel

Présidents d'honneur :

MM. Brouardel, Doyen de la Faculté de Médecine de Paris.
Trélat, Président de l'Académie de Médecine.

Président :

Panas, Professeur d'ophtalmologie à la Faculté de Médecine de Paris.

Trésorier :

Brun, Trésorier de l'Association générale des Médecins de France.

Secrétaires :

Horteloup, Président de la Société de Chirurgie.

Gauran, Chirurgien en chef de l'hôpital ophtalmique de Rouen.

Membres :

Gayet, Professeur d'ophtalmologie à la Faculté de Médecine de Lyon.

Badal, Professeur d'ophtalmologie à la Faculté de Médecine de Bordeaux.

Warlomont, Président de l'Académie de Médecine de Bruxelles.

Haltenhoff, Médecin-Oculiste à Genève.

Lerenard-Lavallée, Secrétaire de la Société libre de l'Eure, section de Bernay.

Boullanger, Maire de La Barre.

Alfred Daviel, Avoué près de la Cour d'appel de Rouen.

Gastine, Médecin à La Barre.

Appel du Comité au public

Le Comité sollicite le concours du public avec le plus grand espoir que son appel sera accueilli favorablement.

Daviel mérite, en effet, à tous les égards, l'hommage que sa patrie a trop longtemps différé de rendre à sa mémoire.

Homme de génie, il le fut en inventant la merveilleuse opération à laquelle, chaque année, des milliers d'aveugles cataractés doivent de recouvrer la vue.

Patriote, il le fut au plus haut degré, en refusant les offres brillantes que lui firent des souverains étrangers pour l'arracher à sa patrie et l'attacher à leurs cours.

Philanthrope, il le fut dans la véritable acceptation du mot, en accourant des premiers au secours des pestiférés, lors de la grande peste de Marseille et en mettant gratuitement, pendant le cours de sa carrière, ses talents et son expérience au service des malheureux. Tous les pays ont rendu hommage à la mémoire de notre illustre concitoyen et, tout récemment encore, la Suisse lui élevait un monument sur le lieu de sa sépulture, au Grand-Sacconex.

Seule, la France, sa patrie, est restée en arrière, et c'est cet injustifiable oubli qu'il s'agit de réparer. Le Comité pense donc que le public voudra bien concourir à l'œuvre à laquelle il le convie, œuvre de justice, de réparation et de reconnaissance nationale, comme l'a si justement appelée M. Francisque Sarcey, et qui a pour but d'honorer la mémoire de celui qui fut un véritable ami du peuple, une gloire pour son pays et un bienfaiteur pour l'humanité.

Pour le Comité :
Le Président,
PANAS,
Professeur d'ophtalmologie à la Faculté de Médecine de Paris.

Les souscriptions sont reçues :

A Paris, chez M. le Dr Brun, trésorier, rue d'Aumale, n° 23, et au siège du Comité, chez M. le Dr Horteloup, rue de la Victoire, n° 76.

A Rouen, aux bureaux de la *Normandie médicale*, chez M. le Dr Cerué, rue de Buffon, n° 45 *bis*, et chez M. le Dr Gauran, rue Saint-Patrice, n° 65 *bis*.

XV

A la mémoire de J. Daviel

Souvenir du 7e Congrès international d'ophtalmologie siégeant à Heidelberg (8-11 août 1888). Offert aux membres présents, par le professeur Otto Becker. (1)

Cette belle plaquette, éditée avec luxe, contient :

1° Un avant-propos du professeur Otto Becker où il raconte que, dès la fin de 1879, à l'occasion du congrès d'Amsterdam, il s'était procuré dans cette ville la gravure de Lemire, d'après De Vosge, sur laquelle nous avons fait copier le portrait-médaillon de Jacques Daviel que nous donnons ici.

2° Une excellente reproduction photo-typique de cette gravure, de l'Institut chalcographique de Berlin.

3° La version allemande d'un écrit de Jacques Daviel, relatant deux extractions réussies de cataractes adhérentes (dont celle pratiquée, en 1756, sur de Vosge). Ces observations, dont le manuscrit français n'est pas encore signalé, ont été empruntées, sur l'indication du Dr Ed. Meyer, aux comptes-rendus de l'académie de Suède, de l'année 1759. (Schwedische in Kongl. Academiens Handlingar For Ar17 59. V. XX p. 43).

4° L'ode à Daviel, insérée dans le *Mercure de France* de Juillet 1752.

Il était digne du Dr Otto Becker, auteur d'une admirable monographie du cristallin, de rendre au maître français cet hommage public, dans un congrès international d'ophtalmologie siégeant en Allemagne, à Heidelberg, où notre confrère a professé avec tant d'autorité pendant plus de 20 ans.

Le professeur Otto Becker est mort au commencement de cette année, quelques semaines après l'envoi gracieux qu'il nous a fait de sa publication sur Daviel. Si nous affirmons ici, en saluant d'un dernier adieu ce maître étranger, qu'il fut le meilleur des hommes et le plus sympathique des savants, nous sommes bien sûr de ne jamais rencontrer un contradicteur.

(1) *Jacques Daviel ein Gedenkblatt*, Würzburg. in-4, 12 p.

XVI

Du 25 novembre (ou décembre) 1756

De deux mémoires présentés à l'Académie Royale de chirurgie par MM. de la Haye et Berranger, dans lesquels on propose des nouveaux instruments pour perfectionner la méthode d'extraire le cristallin cataracté.

Sous ce titre, Daviel lut à l'Académie un plaidoyer en faveur de ses instruments, dont pourtant, quelques années plus tard, il réduisit le nombre. Il y défendit surtout ses ciseaux courbes, qu'il n'abandonna jamais. Ce fut sans peine qu'il réfuta les affirmations de MM. de la Haye et Berranger. Le chirurgien de Rochefort et l'oculiste de Bordeaux avaient omis, en effet, le reproche le plus sérieux dont les ciseaux soient passibles, quand ils s'attaquent à la cornée. Au lieu d'insister exclusivement sur ce point qu'un bon instrument tranchant fait, en ce cas, une section plus nette, et que les meilleurs ciseaux coupent *en mâchant* une membrane aussi résistante, on ergotait, a priori, en dénonçant des difficultés techniques dont l'habile Daviel avait prouvé, sur plus de 400 malades, qu'il en avait assez aisément raison. Daviel établit sans peine que sa section n'était ni plus difficile, ni plus douloureuse, ni sensiblement plus lente à pratiquer, avec quelque habitude, que celle de ses contradicteurs ; qu'elle n'offrait pas moins de sécurité et qu'elle exposait moins à l'issue de l'humeur vitrée. Il insista sur cette particularité qu'elle n'exigeait pas l'opération *à main levée*, et permettait d'assurer les mouvements du bras et de la main droite, par un double point d'appui pris sur la poitrine et sur le visage du patient. Il nia que les innovateurs fussent mieux que lui garantis contre la présentation de l'iris dans la plaie, durant la section du lambeau. Enfin, il opposa aux objections, souvent théoriques, de la Haye et Berranger les gros bataillons de faits

(450 extractions) dont une vaste expérience acquise lui donnait sur eux l'avantage.

Les couteaux proposés par de la Faye, Poyet, de la Haye, Berranger, etc., qui, plus tard, furent reproduits, modifiés et améliorés par Wenzel, Richter et Beer, n'en étaient pas moins, dès lors, une heureuse trouvaille, puisqu'ils consacraient le principe de la ponction et de la contre-ponction qui a définitivement prévalu.

Les perfectionnements obtenus dans la coutellerie fine, depuis un demi-siècle, n'ont pas été, peut-être, sans influence sur la réforme graduelle du couteau à cataracte. Le dernier type généralement usité (variété du modèle auquel Alb. de Græfe a donné son nom) est réduit, dans toutes ses dimensions, aux dernières limites que permettent la constitution de l'œil et la trempe de l'acier. Il ressemble aux couteaux à cataracte du XVIIIe siècle comme la lame de canif la plus déliée ressemble au massif couperet. La résistance de Daviel était donc justifiée en 1756, c'est-à-dire en un temps où l'on n'avait encore ni nos excellents appareils de fixation de l'œil et des paupières, ni l'usage d'opérer la cataracte sur des patients couchés, ni la merveilleuse coutellerie dont nous disposons, ni enfin l'anesthésie qui rend si facile la virtuosité opératoire. Daviel se refusait donc à adopter des couteaux qui n'avaient pas fait leurs preuves, dont le maniement n'était ni plus commode ni plus sûr que celui des ciseaux incriminés. Il tiendrait aujourd'hui, vraisemblablement, un autre langage et une autre conduite. Il ferait comme Arlt, qui déjà vieux et en possession de sa grande renommée, acclimata, dans sa clinique de Vienne, la méthode et l'outil de de Græfe, son illustre élève de Berlin.

Daviel a quelquefois passé, sans absolue nécessité, de la défensive à l'offensive. Quand on lui faisait une guerre de roquets, il lui est arrivé de répondre par un coup de dent. Ce n'est pas ici le cas. L'argumentation du mémoire original que vient de nous donner le Dr Dureau (1), l'érudit bibliothécaire de l'Académie de médecine, est une intéressante polé-

(1) *Gazette médicale de Paris*, 1889. Feuilletons des 2, 9 et 16 novembre.

mique qu'il faut lire en son entier ; car elle suit en bon ordre les objections et les réfute, une à une, avec autorité. Un résultat que Jacques Daviel n'avait pas prévu n'en est pas moins curieux à relever ici. Daviel a tiré de l'oubli les efforts, après tout méritoires, de quelques-uns de ses contradicteurs pour améliorer sa méthode. Leurs essais, en préparant à distance des innovations plus heureuses, contribuaient, sans qu'ils le voulussent, à la gloire de Daviel. Daviel, sans l'avoir cherché, leur rend cela maintenant en notoriété posthume !

XVII

Médecins et Chirurgiens rémois cités dans les lettres de Daviel (1)

MÉDECINS

Pierre Josnet père

Pierre Josnet le père était considéré comme le restaurateur et l'un des professeurs les plus instruits de la Faculté de médecine rémoise.

Le chanoine De Saulx lui écrivait en 1754, au sortir d'une grave maladie :

« C'est toi de qui l'esprit si bien doté
» A le sçavoir qui jadis d'Epidaure
» Fit le salut et la tranquillité ;
» Toi, que celui qu'a Coôs on honore
» Eut pour son fils autrefois adopté..... »

Latteignant l'appelait tout simplement : « Cher Esculape », et, si l'on veut avoir une idée de la grande place qu'il tenait dans notre cité, il suffit de relire dans l'*Essai sur les grands hommes d'une partie de la Champagne*, l'épitaphe pompeuse et tant soit peu hyperbolique sortie de la plume reconnaissante de De Saulx.

Né à Reims, en 1697, P. Josnet est mort le 17 mars 1766. Il avait été reçu, le 8 mai 1727, docteur de notre Faculté dont il fut plusieurs fois Doyen. Il a donné plusieurs thèses latines élégamment écrites et moins théoriques que la plupart de celles de l'époque.

Pierre Josnet fils

Son fils, Pierre Josnet le jeune, n'a pas laissé de traces bien profondes dans nos annales médicales. Reçu docteur à

(1) Notes du Dr O. Guelliot.

Reims, le 3 mars 1753, il mourut, jeune encore, le 30 juillet 1769. On l'enterra à St-Symphorien près de son père ; quelques jours après, la Faculté lui fit dire une messe aux Cordeliers, et enfin l'abbaye de St-Remy, dont il était le médecin, lui fit un service solennel avec « seize cierges et deux chantres. »

Henri Macquart

Né au village de Servon (Marne), docteur régent de la Faculté de Reims (21 juin 1742), doyen en 1750 et en 1762, Henri Macquart est mort à Reims le 28 novembre 1773. Ses deux fils se sont faits un nom à Paris : l'un Henri-Jacques, comme rédacteur au *Journal des Savants* et traducteur des thèses médico-chirurgicales de Haller ; l'autre Louis-Charles-Henri, comme minéralogiste.

CHIRURGIENS

J.-B. Caqué

De tous les chirurgiens qui ont exercé leur art à Reims J.-B. Caqué est le plus intéressant. Il mériterait une étude biographique plus détaillée et plus exacte surtout que les notices qui lui ont été consacrées (1). Son génie inventif, son habileté opératoire, son bon sens clinique lui valurent une réputation qui s'étendit bien au delà du pays rémois. Associé de l'Académie de chirurgie, collaborateur de cette illustre compagnie, lieutenant du premier chirurgien du Roi, chirurgien de l'Hôtel-Dieu de Reims, il fut en relation avec la plupart des chirurgiens de son temps. Du Frère Cosme il apprit l'opération de la taille ; de Daviel, celle de la cataracte par extraction.

J.-B. Caqué est né à Machault (Ardennes) d'un père cultivateur. Il eut pour parrain le chirurgien du village, et

(1) Consulter : Eloge de Caqué, par Ant. Louis, dans les *Eloges de l'Académie de chirurgie* (publiés par Dubois d'Amiens, 1859, p. 369). — Bouillot, *Biographie ardennaise*, t. I., 1830, p. 201. — Philippe, *Essai historique sur Caqué*, Reims, 1842.

bientôt pour guide et protecteur un autre de ses compatriotes, Pierre Benomont, membre de l'Académie de chirurgie.

En 1740, il vient à Reims commencer l'étude de la chirurgie et entre en qualité d'élève chez M. Ponsardin. Il va se perfectionner à Paris, puis il fait aux armées les campagnes de 1744-1748.

Le 17 juin 1749, il est reçu à Reims maître en chirurgie pour le village voisin de Rilly. C'est là que, l'année suivante, vinrent le chercher les administrateurs de l'Hôtel-Dieu pour le nommer, en même temps que Museux, chirurgien de cet hôpital. Mais, comme il n'avait été reçu *maître* que pour la campagne, il dut repasser tous ses examens devant ses confrères rémois et acquérir un nouveau diplôme de maîtrise qui lui permît de pratiquer dans notre ville (20 janvier 1751).

Il devient alors un des plus zélés correspondants de l'Académie de chirurgie qui lui décerne une médaille d'or de cent livres en 1756, et une autre de deux cents livres en 1757. Deux ans après, l'Académie le met au rang de ses associés.

En 1766, il obtient du roi une pension de douze cents livres qui lui est servie jusqu'à sa mort, arrivée le 16 septembre 1787.

C'est dans les *Mémoires de l'Académie de chirurgie* (tomes III et V) que l'on trouvera les quelques observations qu'il a publiées. On y remarquera surtout les notes qu'il a fournies à Louis pour son *Mémoire sur la rescission des amygdales* (t. V, p. 465). C'est lui qui a remis en honneur cette opération alors condamnée et pour laquelle il avait inventé une érigne et un bistouri (*Id.* planches XII et XIII).

Mais la partie la plus intéressante de son œuvre est restée inédite. La bibliothèque de la ville de Reims possède un certain nombre de mémoires manuscrits qui font honneur à sa perspicacité et à son talent d'observation. Ne pouvant tout citer, nous nous contenterons de signaler ses travaux sur la *cataracte*, sur les *hernies*, sur la *taille*, sur les *traumatismes de la colonne vertébrale*, sur le *sarcocèle*, etc.

Antoine Dodet

Antoine Dodet, maître-chirurgien en 1710, juré en 1717 et en 1722.

Guillaume Fillion

Il n'est pas facile d'éviter une confusion entre les nombreux chirurgiens du nom de Fillion qui ont existé à Reims aux XVIIe et XVIIIe siècles. Je compte, dans cette famille, six chirurgiens et un docteur en médecine.

Celui qui assista aux opérations de Daviel est Guillaume Fillion, fils de Jean F., chirurgien juré ; il est né à Reims en 1713 et a été reçu maître chirurgien dans cette ville, le 14 février 1735. Il est mort le 7 août 1784, laissant un fils, Robert F., docteur en médecine.

Barthélemy Méric

Originaire du diocèse de Narbonne, ce chirurgien prit la maîtrise le 13 février 1749. Il est mort en 1769.

Nicolas Museux

Les Museux, encore une famille de chirurgiens ! Nicolas M. est l'inventeur de la pince à double érigne qui porte son nom. Né à Travecy (Aisne), le 11 août 1714, reçu maître en 1736, il devint chirurgien de l'Hôtel-Dieu en 1750, la même année que Caqué : dès lors ces deux noms sont constamment associés, et l'on doit reconnaître qu'ils furent ensemble les introducteurs, à Reims, de la chirurgie scientifique. Outre sa pince, qu'il inventa vers 1765, Museux possédait le secret d'un opiat contre les pâles couleurs qui fit alors quelque bruit. Il est aussi l'auteur d'une brochure devenue très rare : *Réflexions sur la conservation des dents*, Reims, 1747, in-4. Quand il mourut (10 février 1783), il était lieutenant du premier chirurgien du roi et membre correspondant de l'Académie de chirurgie.

J.-B. Orgelet

Reçu à la maîtrise le 24 janvier 1743, Orgelet fut prévôt des chirurgiens en 1768. Il est mort à Reims, le 25 janvier 1776.

Pierre Benomont

Ce chirurgien est né à Machault (Ardennes), le 4 mars 1679; il fit son apprentissage à Rethel et à Reims. Il garda bon souvenir de son passage dans cette dernière ville et entretint une correspondance suivie avec les chirurgiens de l'époque, Caqué, Robin, etc. Chirurgien de la duchesse de Berry, il entra à l'Académie de chirurgie dès sa fondation. Il est mort très âgé, en 1772, laissant de nombreux legs de bienfaisance, à la paroisse de Saint-Roch, à l'hospice des Incurables, à la paroisse de Machault. On lui doit quelques notes insérées dans les Mémoires de l'Académie de chirurgie, entr'autres une observation d'arrachement de la jambe souvent citée.

TABLE DES MATIÈRES

Planches

Frontispice. — Portrait de Jacques Daviel, par E. Auger, d'après la gravure de Lemire.

Planche I. — Instruments de Jacques Daviel:

Fig. I. Aiguilles « pointues, tranchantes et demi-courbes » pour la ponction.

Fig. II. Aiguilles « mousses, tranchantes et aussi demi-courbes » pour agrandir l'ouverture.

Planche II. — Instruments de Jacques Daviel :

Fig. III. Ciseaux courbes, convexes sur le plat, pour inciser en dedans et en dehors.

Fig. IV. Spatule pour relever la cornée.

Planche III. — Instruments de Daviel et de de la Faye.

Fig. V. Aiguilles pour l'incision de la capsule.

Fig. VI. Pincette pour l'extraction des débris de cristallin ou de capsule.

Fig. VII. Couteau de de la Faye.

Planche IV. — Autographe de J. Daviel, d'après l'original de la bibliothèque de Reims.

Reproduction du cachet de Daviel avec la devise : *Audaces fortuna juvat.*

Reims. — Imprimerie Matot-Braine, rue du Cadran-Saint-Pierre, 6.

PL. I

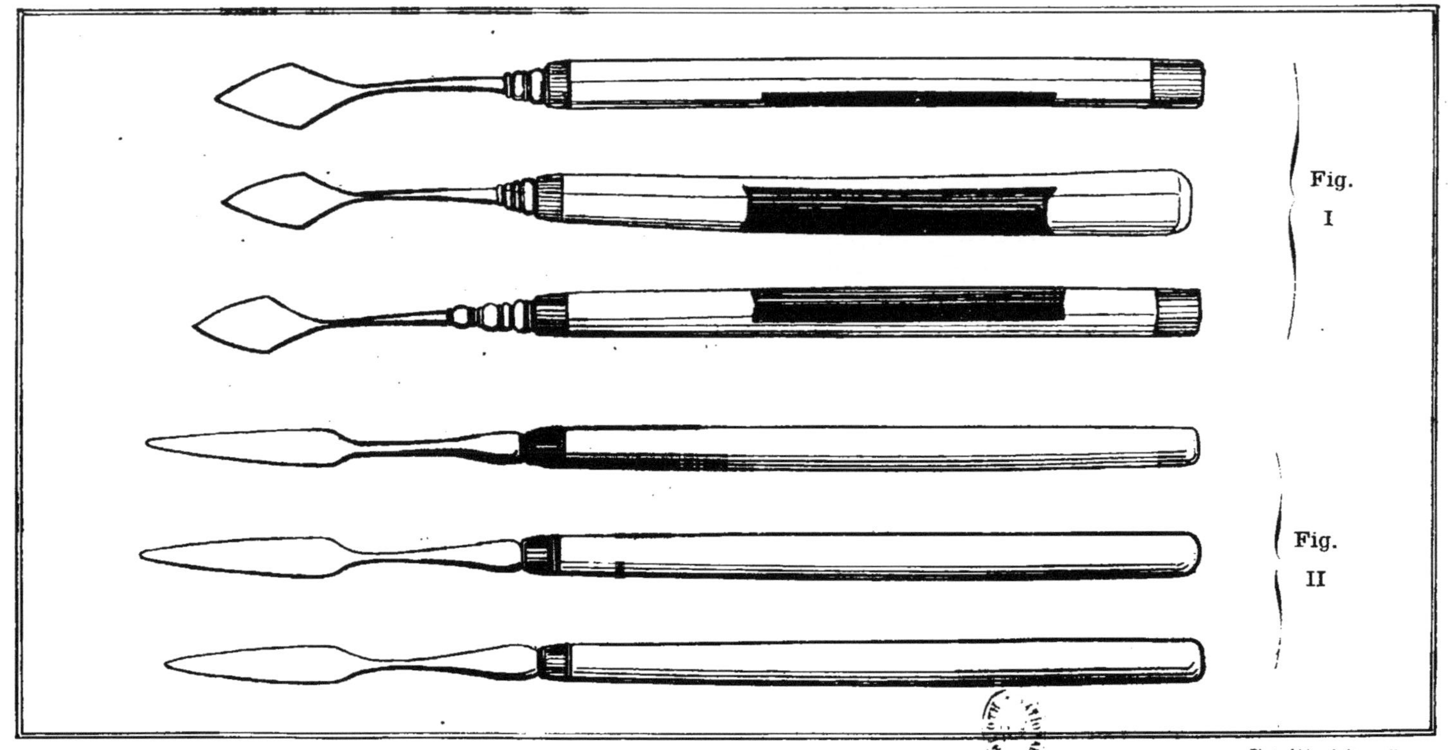

Photo-Litho, J. Royer, Nancy.

INSTRUMENTS DE JACQUES DAVIEL

COLLECTION de M^r le Docteur GILLET DE GRANDMONT

PL. II

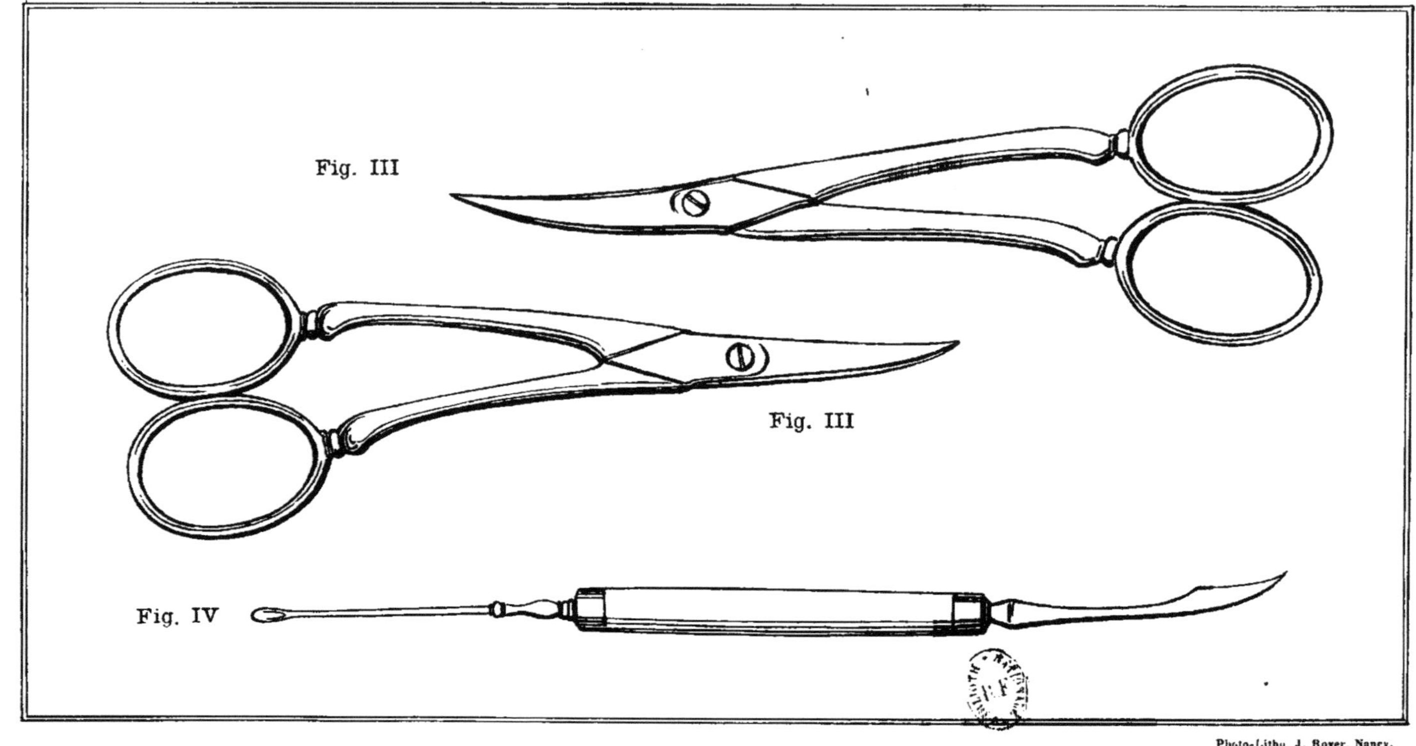

Photo-Litho, J. Royer, Nancy.

INSTRUMENTS DE JACQUES DAVIEL

COLLECTION de M^r le Docteur GILLET DE GRANDMONT

Pl. III

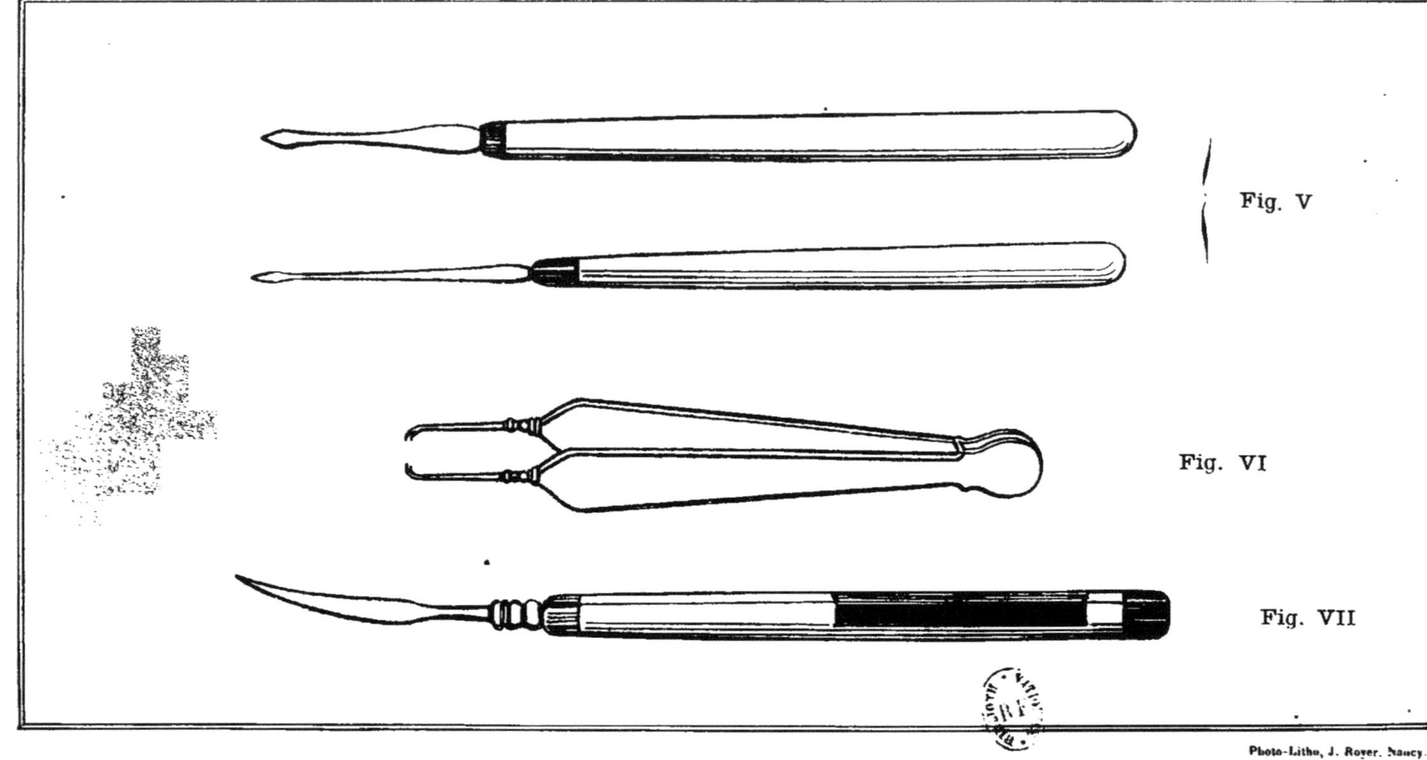

Photo-Litho, J. Royer, Nancy.

INSTRUMENTS DE JACQUES DAVIEL

COLLECTION de Mr le Docteur GILLET DE GRANDMONT

PL. IV

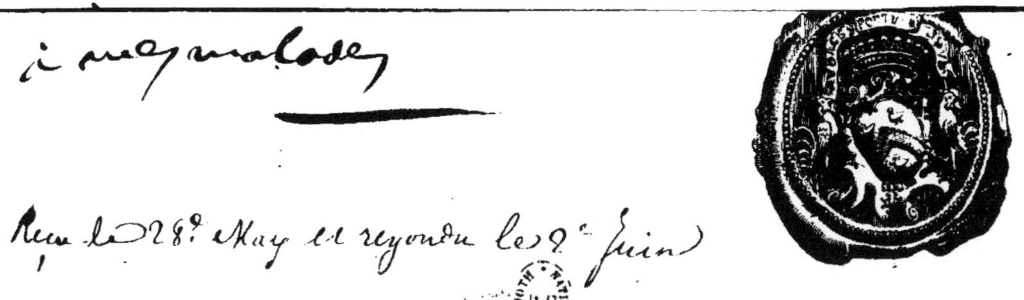

32.

à mes malades

Reçu le 28e May et repondu le 9e Juin

Phototypie J. Royer, Nancy.

AUTOGRAPHE & CACHET de J. DAVIEL

tirés des Lettres à J. B. CAQUÉ

(BIBLIOTHÈQUE DE REIMS, MANUSCRITS DU FONDS MALDAN)

PL. IV

32

et je conte que vous avez reçu exactement les
lettres, on en a nommé cinq en tout, ne dites
rien cependant, jusqu'à ce que mr de Beaumont vous
l'apprenne, et ne dites pas que c'est moi qui vous la
marqué

j'attends l'honneur de votre réponse monsieur
et j'ai l'honneur d'être

mes respects à
Madame votre
épouse, et [illegible]
mrs Jonas père et fils

Votre très humble
et très obéissant
serviteur Daviel chir.
oculiste du roy

mille compliments à tous mes [illegible]
à mes malades

Reçu le 28e May et répondu le 2e Juin

Phototypie J. Royer, Nancy.

AUTOGRAPHE & CACHET de J. DAVIEL

tirés des Lettres à J. B. Caqué

(Bibliothèque de Reims, manuscrits du fonds Maldan)

REIMS

IMPRIMERIE ET LITHOGRAPHIE MATOT-BRAINE

Rue du Cadran-Saint-Pierre, 6

www.ingramcontent.com/pod-product-compliance
Ingram Content Group UK Ltd.
Pitfield, Milton Keynes, MK11 3LW, UK
UKHW020929180726
13838UKWH00002B/843

9 782329 397863